U0092539

韓廷傑 注譯
潘栢世 校閱

新譯 大乘起信論

三民書局 印行

國家圖書館出版品預行編目資料

新譯大乘起信論／韓廷傑注譯;潘栢世校閱.－－二版五刷.－－臺北市：三民，2021
面；　公分.－－(古籍今注新譯叢書)

ISBN 978-957-14-3274-8 （平裝）
1. 論藏

222.3

古籍今注新譯叢書

新譯大乘起信論

注譯者　韓廷傑
校閱者　潘栢世

發行人　劉振強
出版者　三民書局股份有限公司
地　址　臺北市復興北路 386 號 (復北門市)
　　　　臺北市重慶南路一段 61 號 (重南門市)
電　話　(02)25006600
網　址　三民網路書店 https://www.sanmin.com.tw

出版日期　初版一刷 2000 年 9 月
　　　　　二版一刷 2008 年 4 月
　　　　　二版五刷 2021 年 10 月
書籍編號　S031990
ISBN　978-957-14-3274-8

刊印古籍今注新譯叢書緣起

劉振強

人類歷史發展，每至偏執一端，往而不返的關頭，總有一股新興的反本運動繼起，要求回顧過往的源頭，從中汲取新生的創造力量。孔子所謂的述而不作，溫故知新，以及西方文藝復興所強調的再生精神，都體現了創造源頭這股日新不竭的力量。古典之所以重要，古籍之所以不可不讀，正在這層尋本與啟示的意義上。處於現代世界而倡言讀古書，並不是迷信傳統，更不是故步自封；而是當我們愈懂得聆聽來自根源的聲音，我們就愈懂得如何向歷史追問，也就愈能夠清醒正對當世的苦厄。要擴大心量，冥契古今心靈，會通宇宙精神，不能不由學會讀古書這一層根本的工夫做起。

基於這樣的想法，本局自草創以來，即懷著注譯傳統重要典籍的理想，由第一部的四書做起，希望藉由文字障礙的掃除，幫助有心的讀者，打開禁錮於古老話語中的豐沛寶藏。我們工作的原則是「兼取諸家，直注明解」。一方面熔鑄眾說，擇善而從；一方面也力求明白可喻，達到學術普及化的要求。叢書自陸續出刊以來，頗受各界的喜愛，使我們得到很大的鼓勵，也有信心繼續推廣這項工作。隨著海峽兩岸的交流，我們注譯的成員，也由臺灣各大學的教授，擴及大陸各有專長的學者。陣容的充實，使我們有更多的資源，整理更多樣化的古籍。兼採經、史、子、集四部的要典，重拾對通才器識的重視，將是我們進一步工作的目標。

古籍的注譯，固然是一件繁難的工作，但其實也只是整個工作的開端而已，最後的完成與意義的賦予，全賴讀者的閱讀與自得自證。我們期望這項工作能有助於為世界文化的未來匯流，注入一股源頭活水；也希望各界博雅君子不吝指正，讓我們的步伐能夠更堅穩地走下去。

新譯大乘起信論 目次

附　錄

導讀

一、關於《大乘起信論》真偽的爭論及其思想淵源

關於《大乘起信論》（簡稱《起信論》）真偽的爭論是佛學研究領域最大的一場訴訟公案，早在隋代，法經等所著《眾經目錄》卷五稱：「《大乘起信論》一卷，人云真諦譯，勘真諦錄無此論，故入疑。」❶這裡首先對《大乘起信論》的譯者提出了疑問。唐均正著《四論玄義》卷一〇稱：「《起信論》一卷，人云馬鳴菩薩造。北地諸論師云：『非馬鳴造論，昔日地論師造論，借菩薩名目之。』故尋翻經目錄中無有也。未知定是否？」❷這裡又對《大乘起信論》的作者提出了疑問。

近來中日兩國佛教學者又對《大乘起信論》的真偽問題展開熱烈爭論。日本的著名佛教

❶《大正藏》卷五五，第一四二頁。

❷轉引自梁啟超：《大乘起信論考證》。

學者望月信亨、松本文三郎、村上專精等都認為《大乘起信論》是偽書，並非馬鳴所造，亦非真諦所譯，而是中國人的偽造。持反對意見者是常盤大定、羽溪了諦等，這兩位先生也是很有名望的佛教學者。中國的著名佛學專家梁啟超、歐陽竟無、呂澂等主張《大乘起信論》是偽書，持反對意見者是章太炎、太虛、唐大圓等。

問題越辯越明，現在多數佛教學者認為《大乘起信論》是偽書。其依據是《楞伽經》。《楞伽經》有三個漢譯本：一、《楞伽阿跋多羅寶經》四卷，劉宋求那跋陀羅譯於元嘉二十年（西元四四三年）；二、《入楞伽經》十卷，元魏菩提流支譯於延昌二年（西元五一三年）；三、《大乘入楞伽經》七卷，唐實叉難陀譯於久視元年至長安四年（西元七〇〇—七〇四年）。三本內容略有出入。

《大乘起信論》主要依據十卷本的《楞伽經》。《大乘起信論》和《楞伽經》的中心議題都是如來藏緣起。然而，據《楞伽經》卷七，如來藏和阿賴耶識（或譯作阿梨耶識、阿黎耶識）可以視為異體：「如來藏識不在阿賴耶識中，是故七種識有生有滅，如來藏識不生不滅。」❸如來藏與阿賴耶識也可以視為同體，直稱阿賴耶識為「如來藏阿賴耶識」。《楞伽經》對如來藏的這兩種論述，對後代佛教都產生過巨大影響，從「異體」論可以引出攝論師的「九識」論，《大乘起信論》繼承的是「同體」論，如來藏與阿賴耶識為同一個東西。《大乘起信論》認為，如來藏即阿賴耶識，也就是眾生心，是產生世間及出世間萬物的總根源，既包括清淨

❸《大正藏》卷一六，第五五六頁。

因素，又包括染汙因素：「依如來藏故有生死，依如來藏故得涅槃。」❹

什麼是如來藏呢？如來藏是梵文 Tathāgatagarbha 的意譯，據世親著《佛性論．如來藏品》，如來藏有三義：一、所攝藏，如來之性（即真如）攝藏一切染污法和清淨法，又攝藏一切眾生，故稱：「一切眾生是如來藏。」❺《楞伽經》卷四稱：「如來之藏，是善不善因，能遍興造一切趣生。」❻《大乘起信論義記》卷上稱：「如來藏心含和合不和合二門，以其在於眾生位故，若在佛地，則無和合義。」❼意思是說：在眾生位的如來藏含有染汙和清淨的和合之義，在佛位的如來藏只有清淨內容，並無染汙之義。二、隱覆藏，「如來性住道前時，為煩惱隱覆，眾生不見，故名為藏。」❽在沒有成佛以前，如來藏被煩惱覆蓋，眾生是看不見的，所以稱之為藏。三、能攝藏，真如雖然被煩惱隱覆，但仍具如來的一切功德，《大乘起信論》稱如來藏具無量性功德。《大乘起信論義記》卷下稱：「隱時能出生如來，名如來藏，顯時為萬德依止，名為法身。」❾被煩惱隱覆的如來藏，因為含有如來本性，所以能夠出生如來，故稱如來藏。除掉煩惱，如來藏顯現時，具有無量性功德，這就稱為法身。

❹《大正藏》卷三二，第五八〇頁。
❺《大正藏》卷三一，第七九五頁。
❻《大正藏》卷一六，第五一〇頁。
❼《大正藏》卷四四，第二五〇頁。
❽《大正藏》卷三一，第七九六頁。
❾《大正藏》卷四四，第二七三頁。

二、主張唯識的一格具別

《大乘起信論》的核心內容是阿賴耶識緣起，顯然屬於唯識系統，但其唯識觀點既不同於攝論師、地論師，也不同於玄奘（西元六〇〇—六六四年）創立的唯識宗。

《大乘起信論》的阿賴耶識是真妄和合。所謂「真」，係指心真如門；所謂「妄」，係指心生滅門。真如和無明互相熏習。《大乘起信論》講熏習四法：「一者淨法，名為真如；二者一切染因，名為無明；三者妄心，名為業識；四者妄境界，所謂六塵。」❿所謂「熏習」，就像一件衣服一樣，衣服本來沒有香味，由於用香氣熏習，使之有香。真如本來是清淨的，並無染汙的因素，由於無明的熏習使之有染汙之意。無明本來是染汙的，並沒有清淨的因素，但由於真如的熏習，使之有清淨的因素。無明屬染因，業識屬妄心，六塵（色、聲、香、味、觸、法）屬妄境界，這三種都屬染法，不覺；只有真如屬於淨法，覺。玄奘的唯識宗認為真如不受熏習，《成唯識論》卷九對真如是這樣解釋的：「真謂真實，顯非虛妄。如謂如常，表無變易。謂此真實於一切位常如其性，故曰真如。即是湛然不虛妄義，亦言顯此復有多名，謂名法界及實際等。」⓫這是說「真」意謂真實，並非虛妄；「如」謂常恆不變，真如不管

❿ 《大正藏》卷三二，第五七八頁。
⓫ 《大正藏》卷三一，第四八頁。

是在佛位、菩薩位，還是在眾生位，其性質是不變的。《成唯識論》對「真如」的解釋與《大乘起信論》顯然不同，《大乘起信論》的「真如」可以受熏，由清淨變染汙。唯識宗的「真如」之性永恆不變，不能受熏。《成唯識論述記》卷二對「真如」作如下解釋：「真以簡妄，如以別倒。初簡所執，後簡依他。或真以簡有漏，非虛妄故，如以別無漏，非有為故。真是實義，如是常義，故名真如。」⓬真如不同於遍計所執性，也不同於依他起性，而是圓成實性，即唯識實性。既是真實的，又是永恆的，故不受熏。

《大乘起信論》從五個方面說明唯識宗的第七識末那識：業識、轉識、現識、智識、相續識，「一者名為業識，謂無明力不覺心動故」⓭。業識是由於無明的力量，使不覺之心活動起來，「動」就是業，也就是末那識的「恆審思量」。「二者名為轉識，依於動心能見相故。」⓮眾生的心理活動能見「我」相，這就是唯識宗所說的第七識妄執第八識為「我」。「三者名為現識，所謂能現一切境界，猶如明鏡現於色像。」⓯由於「我見」即生我所，也就是客觀事物，唯識學派認為，客觀外境是虛幻不實的，猶如影像現於鏡前。「四者名為智識，謂分別染淨法故。」⓰由於第七識將第八識妄執為「我」，這就產生了區別作用，此稱「智識」。

⓬《大正藏》卷四三，第二九一頁。
⓭《大正藏》卷三二，第五七七頁。
⓮《大正藏》卷三二，第五七七頁。
⓯《大正藏》卷三二，第五七七頁。
⓰《大正藏》卷三二，第五七七頁。

「五者名為相續識，以念相應不斷故，住持過去無量世等善惡之業，令不失故，復能成熟現在未來苦樂等報，無差違故。」[17]這就把生命相續歸之於第七識，而唯識宗則把生死相續歸之於第八識。因為第八識儲存的種子，有的今世感果，有的來世感果。來世感果的種子就成為業報輪迴的原因。

唯識宗和《大乘起信論》雖然都講心、意、識，但對「意」的理解各不相同。唯識宗的「心」是第八識阿賴耶識，「意」是第七識末那識，「識」是前六識：眼識、耳識、鼻識、舌識、身識、意識。《瑜伽師地論》卷六三稱：「此中諸識，皆名心、意、識。若就最勝，阿賴耶識名心，何以故？由此識能集聚一切法種子故。於一切時緣執受境，緣不可知一類器境。末那名意，於一切時執我、我所及我慢等，思量為性。餘識名識，謂於境界了別為相。」[18]在唯識宗看來，「心」是阿賴耶識，儲存著各類種子，根身（人的肉體）、器界（宇宙萬有）都是由它變現的。「意」是末那識，妄執阿賴耶識為「我」。「識」為前六識，以了別為性。《成唯識論》卷五的解釋和《瑜伽師地論》相同。「薄伽梵處處經中說心、意、識三種別義。集起名心，思量名意，了別名識，是三別義。如是三義，雖通八識，而隨勝顯。第八名心，集諸法種起諸法故；第七名意，緣藏識等，恆審思量為我等故；餘六名識，於六別境，麤動間斷，了別轉故。」[19]

---

[17]《大正藏》卷三二，第五七七頁。

[18]《大正藏》卷三〇，第六五一頁。

《大乘起信論》對心、意、識的解釋如下：「復次，生滅因緣者，所謂眾生依心、意、意識轉故。此義云何？以依阿梨耶識，說有無明不覺而起，能見、能現、能取境界，起念相續，故說為意。此意復有五種名，……復次，言意識者，即此相續識，依諸凡夫取著轉深，計我、我所，種種妄執，隨事攀緣，分別六塵，名為意識，亦名分離識。又復說名分別事識。」⑳對於「心」和「識」的解釋，《大乘起信論》和唯識宗相同，對於「意」的解釋，《大乘起信論》不同於唯識宗。唯識宗的「意」是第七識末那識，《大乘起信論》的「意」是五意識：業識、轉識、現識、智識、相續識。

偽造《大乘起信論》的目的是為了調和地、攝兩派的矛盾，地論師南道派主張阿賴耶識是淨識，如來藏與阿賴耶識同體；攝論師主張阿賴耶識是染汙識，除第八識之外還有第九識阿摩羅識，如來藏與阿賴耶識異體。《大乘起信論》主張如來藏與阿賴耶識非一非異。它把「一心」阿賴耶識分為二門：心真如門和心生滅門。什麼是「心真如門」呢？《大乘起信論》解釋說：「心真如者，即是一法界大總相法門體。所謂心性不生不滅，一切諸法唯依妄念而有差別。若離妄念，則無一切境界之相。是故一切法從本已來，離言說相，離名字相，離心緣相，畢竟平等，無有變異，不可破壞，唯是一心，故名真如。」㉑什麼是「心生滅門」呢？

⑲《大正藏》卷三一，第二四頁。

⑳《大正藏》卷三二，第五七七頁。

㉑《大正藏》卷三二，第五七六頁。

《大乘起信論》解釋說：「心生滅者，依如來藏故有生滅心。所謂不生不滅與生滅和合，非一非異，名為阿梨耶識。」㉒

「心真如門」又分空、不空二義：「所言空者，從本已來一切染法不相應故，謂離一切法差別之相，以無虛妄心念故。」㉓在《大乘起信論》看來，所謂「空」，是說由於沒有妄心，就沒有世間一切事物的差別之相。反之，世間森羅萬象的一切事物都是由妄心產生的；都是虛幻不實的。這顯然是大乘空宗理論。「二者如實不空，以有自體具足無漏性功德故。」這顯然是大乘有宗觀點。「心真如門」的空、不空二義融合了大乘空、有兩宗觀點。這正如新羅僧元曉（西元六一七—？年）在其《大乘起信論別記》所說的「是謂諸論之祖宗，群諍之評主也」㉔意思是說：《大乘起信論》融合了空宗的《中論》、《十二門論》和有宗的《瑜伽師地論》、《攝大乘論》的觀點，平息了空、有兩宗的爭論。

《大乘起信論》又將其「心生滅門」分為覺、不覺二義：「所言覺義者，謂心體離念。離念相者，等虛空界，無所不遍，法界一相，即是如來平等法身。」㉕「覺」就是法界、法身，相當於地論師的第八識淨識，亦稱佛性識。

㉒《大正藏》卷三二，第五七六頁。
㉓《大正藏》卷三二，第五七六頁。
㉔《大正藏》卷四四，第二二六頁。
㉕《大正藏》卷三二，第五七六頁。

「所言不覺義者，謂不如實知真如法一故，不覺心起而有其念。念無自相，不離本覺。」㉖

「不覺」是由無明引起的，無明分為兩種：根本無明和枝末無明。根本無明即三細：一、無明業相，因不覺而產生的心理活動稱之為「業」；二、能見相，由心理活動而產生的見解；三、境界相，由於「錯誤」的見解而認為虛妄境界為實有。枝末無明稱為六粗：一、智相，因認為外境實有，就產生了愛與不愛的情感；二、相續相，由於愛與不愛的分別，就產生了苦、樂感受，相應不斷；三、執取相，由於產生了苦、樂感受，於「樂」起追求情感，於「苦」產生厭惡情感；四、計名字相，因妄執外境實有，就對外境安立名相；五、起業相，依據外境名相，執著追求，產生各種動作，此稱為「業」；六、業繫苦相，依業因而受果報，使之不得自由。一切染法都是由「不覺」引起的，所以「不覺」相當於攝論師的第八染汙識。《大乘起信論》以覺、不覺二義融合了地、攝兩派關於第八識阿賴耶識的觀點。

《大乘起信論》的「三身」說亦對地、攝兩派起調和作用。地論師的「三身」是法身、報身、應身。法身即法性或真如本體：「顯法成身，名為法身。」㉗所以法身無相。報身以法身為因，是佛為度十地菩薩而現之身，所以報身不來人間；應身是佛為度脫眾生而顯現的肉身，只有應身在人間。慧遠（西元五二三—五九二年）的《大乘義章》把地論師的這種「三身」論概括為「開真合應」：「開真合應以說三者，如上所列，真中分二，法之與報，應以

㉖《大正藏》卷三二，第五七七頁。

㉗《大正藏》卷四四，第八三七頁。

為一。故說三種。」㉘「三佛皆用真識為體，真識之心，本隱今顯，說為法身，即此真心。」㉙可見所謂「真」就是真心，也就是法身。「開真」即將法身開為二種：法身、報身，法身和報身的本體是一個，從意義上分為兩種。《大乘義章》卷一九解釋說：「體一隨義以分，真心之體，本隱今顯，說為法佛。此真心體，為緣熏發諸功德生，方名報佛。法佛如金，報佛如作金莊嚴具。」㉚可見法身即真心本體，當法身顯其功德時即為報身。法身如金，報身如金作的器具。「合應」意謂法、報二身再合應身，即為佛之三身。

攝論師的「三身」是自性身、受用身、變化身。自性身相當於法身。《成唯識論》卷一○解釋說：「謂諸如來真淨法界，受用變化平等所依，離相寂然，絕諸戲論，具無邊際真常功德，是一切法平等實性，即此自性亦名法身，大功德法所依止故。」㉛可見自性身與法身、法性、法界等同義，是佛之功德所依止的本體。沒有任何染汙性的「戲論」㉜。受用身分為兩種：自受用身和他受用身。「自受用身」是「恆自受用廣大法藥」的功德身。「他受用身」是：「謂諸如來由平等智示現微妙淨功德身。居純淨土為住十地諸菩薩眾現大神通，轉正法輪，決眾疑網，令彼受用大乘法樂。」㉝可見「他受用身」是佛為度十地菩薩所現之身。《成

㉘《大正藏》卷四四，第八三九頁。

㉙《大正藏》卷四四，第八三九頁。

㉚《大正藏》卷四四，第八三八頁。

㉛《大正藏》卷三一，第五七頁。

㉜戲論(Prapañca)，佛教稱不符合佛說教的「無稽之談」為戲論。

唯識論》卷一〇對變化身解釋如下：「變化身，謂諸如來由成事智變現無量隨類化身。居淨穢土為未登地諸菩薩眾二乘異生，稱彼機宜通說法，令各獲得諸利樂事。」㉞可見變化身即應身，是佛為度地前菩薩、聲聞乘、緣覺乘各類眾生所現之身。《大乘義章》稱攝論師的「三身」論是「開應合真」。

《大乘起信論》採取地論師的「開真合應」論建立體、相、用三大。《大乘起信論》對「三大」具體解釋如下：「一者體大，謂一切法真如平等不增滅故。」㉟所謂「體大」就是真如法性，在聖不增，在凡不減，相當於法身。「二者相大，謂如來藏具足無量性功德故。」㊱如來藏與真如同義，如來藏有在纏和出纏兩種。在纏如來藏受煩惱的遮覆，出纏如來藏已消除煩惱的遮覆。此指出纏如來藏，相當於報身。「三者用大，能生一切世間出世間善因果故。」㊲「用大」是佛教化眾生由世間善法到出世間善法。世間善法是按照佛的說教生活，出世間善法是脫離生死輪迴的涅槃。「用大」相當於應身。體、相二大是真如所開，用大又相當於應身，故稱「開真合應」。

《大乘起信論》在正式論述「三身」論時採取攝論師的「開應合真」論，它把佛身分為

㉝《大正藏》卷三一，第五八頁。
㉞《大正藏》卷三一，第五八頁。
㉟《大正藏》卷三二，第五七五頁。
㊱《大正藏》卷三二，第五七五頁。
㊲《大正藏》卷三二，第五七五頁。

法、報、應三身，法身即真如法性，把法身之用分為二種：「一者依分別事識，凡夫、二乘心所見者，名為應身。……二者依於業識，謂諸菩薩從初發意，乃至菩薩究竟地心所見者，名為報身。」㊳

《大乘起信論》把地論師的「開真合應」論和攝論師的「開應合真」論融為一體。

三、《大乘起信論》思想對中國佛教的影響

《大乘起信論》雖然是偽造的，但對中國佛教發生了廣泛而又深刻的影響，對天台宗、華嚴宗、禪宗的影響尤為顯著。

天台宗的「真如緣起論」淵源於《大乘起信論》的「如來藏緣起論」。《法華玄義》卷二所說的「三界無別法，唯是一心作」㊴是對「真如緣起論」的高度概括，意思是說：宇宙萬有都是「心」變現的，除此之外，世界上不存在任何東西。這裡所說的「心」不是一般意義的「心」，而是「真如」。

天台宗的實際創始人智顗（西元五三八—五九七年）對「真如」是這樣解釋的：「其一法者，所謂『實相』；實相之相，無相不相。……又此實相，諸佛得法，故稱『妙有』。……

㊳ 《大正藏》卷三二，第五七九頁。
㊴ 《大正藏》卷三三，第六九三頁。

實相非二邊之有，故名『畢竟空』；空理湛然，非一非異，故名『如如』；實相寂滅，故名『涅槃』；覺了不改，故名『虛空』；佛性多所含受，故名『如來藏』。……」❹⓪此處「如如」即指真如。真如有很多異名，其中之一就是如來藏。所以「真如緣起」與「如來藏緣起」同義。

天台宗從「真如緣起論」引導出「一念三千」的理論。所謂「三千」是這樣計算出來的：天、人、阿修羅、地獄、餓鬼、傍生（畜生）、聲聞、緣覺、菩薩、佛這十法界的每一法界都各具十法界，十十成百；每一法界各具十如是：相如是、性如是、體如是、力如是、作如是、因如是、緣如是、果如是、報如是、本末究竟等如是，十百成千；每千具眾生、國土、五蘊三種世間，即成三千。所有的這「三千」都在一念心之中，真心即真如，也就是如來藏。

天台宗三祖慧思（西元五一五—五七七年）的《大乘止觀法門》從始至終闡述《大乘起信論》思想。慧思認為，宇宙萬有都是「心」變現的，《大乘止觀法門》卷一稱：「一切諸法，依此心有，以心為體。」❹①「此心即是自性清淨心，又名真如，亦名佛性，復名法身，又稱如來藏，亦號法界，復名法性。」❹②所以天台宗所說的「心生萬物」論，就是「真如緣起」論，與《大乘起信論》的「如來藏緣起」論是一致的，在此引用了《大乘起信論》的一

---

❹⓪《大正藏》卷三三，第七八三頁。

❹①《大正藏》卷四六，第六四二頁。

❹②《大正藏》卷四六，第六四二頁。

段話：「一切諸法，從本已來，離言說相，離名字相，離心緣相，畢竟平等，無有變異，不可破壞，唯是一心，故名真如。」[43]

《大乘起信論》把如來藏分為心真如門和心生滅門，《大乘止觀法門》也有類似的論述。卷二稱：「所言一切凡聖唯以一心為體者，此心就體相論之，有其二種：一者真如平等心，此是體也，即是一切凡聖平等共相法身；二者阿梨耶識，即是相也。就此阿梨耶識中復有二種：一者清淨分依他性，亦名清淨和合識，即是一切聖人體也；二者染濁分依他性，亦名染濁和合識，即是一切眾生體也。」[44]

《大乘起信論》的心真如門有空、不空二義，《大乘止觀法門》的如來藏亦有空和不空二義。「初明空如來藏，何故名為空耶？以此心性雖復緣起建立生死涅槃違順等法，而復心體平等妙絕染淨之相，非直心體自性平等所起，染淨等法亦復性自非有。」[45]「次明不空如來藏者，就中有二種差別：一明具染淨二法以明不空，二明藏體一異以釋實有。」[46]

《大乘起信論》的心生滅門有覺、不覺二義，《大乘止觀法門》也有類似的論述。本書在講止觀法門時，多處引用《大乘起信論》的話：「是故論言，以依本覺故有不覺，依不覺

---

[43]《大正藏》卷四六，第六四二頁。
[44]《大正藏》卷四六，第六五二頁。
[45]《大正藏》卷四六，第六四五頁。
[46]《大正藏》卷四六，第六四六頁。

故而有妄心，能知名義為說本覺，故得始覺即同本覺。」[47]「是故論云，不生不滅與生滅和合說名阿梨耶識。即本識也。」[48]「是故論云，阿梨耶識有二分：一者覺，二者不覺，覺即是淨心，不覺即是無名。」[49]

以後的天台宗論師，如四祖智顗、九祖湛然（西元七一一—七八二年）以及宋代的知禮（西元九六〇—一〇二八年）等，都不同程度的受到《大乘起信論》的影響。湛然的「不變隨緣」論直接受到《大乘起信論》的影響。所謂「不變隨緣」意思是說：真如之體是永恆「不變」的，但「隨緣」（由於各種條件）而變幻世間萬物。《金剛錍》稱：「萬法是真如，由不變故；真如是萬法，由隨緣故。」[50]所以，「不變隨緣」的實質就是「真如緣起」論，淵源於《大乘起信論》的「如來藏緣起」論。

《大乘起信論》對華嚴宗的影響更為明顯，華嚴宗的實際創始人法藏（西元六四三—七一二年）曾著《大乘起信論義記》三卷和《大乘起信論義記別記》一卷，弘揚《大乘起信論》思想。

華嚴宗直接繼承了《大乘起信論》的「法界緣起論」，《華嚴略策》對「法界緣起」是這

---

[47] 《大正藏》卷四六，第六五三頁。

[48] 《大正藏》卷四六，第六五三頁。

[49] 《大正藏》卷四六，第六五三頁。

[50] 《大正藏》卷四六，第七八二頁。

樣解釋的：「法界者，是總相也，包事包理及無障礙，皆可軌持，具於性分；緣起者，稱體之大用也。」[51]「法界」就是一心，是萬事萬物的總相，既包括事物之理，又包括事物的現象。所謂「緣起」是指法界真如的功能，世界上森羅萬象的事物都是由法界產生的，視「法界」為世界的本源。

華嚴宗又將「法界」進一步區分為四法界：一、事法界；二、理法界；三、理事無礙法界；四、事事無礙法界。華嚴宗四祖澄觀（西元七三八—八三九年）在其著作《華嚴法界玄鏡》卷上對四法界是這樣解釋的：「然事法名界，界則分義，無盡差別之分齊故。理法名界，界即性義，無盡事理同一性故。無礙法界，具性、分義，不壞事、理而無礙故。第四法界，亦具二義，性融於事，一一事法不壞其相，如性融通重重無盡故。」[52]「事法界」是眾生所見森羅萬象的物質世界。「分齊」是界限的意思。在眾生看來，人世間存在著各色各樣的事物。華嚴宗認為，世間的一切都是虛假的，都是「法界」變現的幻有，但俗人「誤」以為真。理法界的「界」字是「性」義，「性」是事物的共性。華嚴宗認為，事物的共性是「空」。世界上除法界以外，什麼都沒有。理事無礙法界既具有「分」義，又有「性」義。「理」與「事」互相徹入，「事」體現「理」，「理」融於「事」，「理」與「事」互相融合而不妨礙。事事無礙法界是佛智所達到的最高境界，亦具性、分二義，俗人認為事與事之間互相阻礙。佛教認

[51]《大正藏》卷三六，第七〇二頁。

[52]《大正藏》卷四五，第六七三頁。

為「空」之理性徹入每一「事」中，每一事物都體現了真空理之性。所以事與事互相反映，甲即是乙，乙即是甲，並互相徹入，溶融無間，不相阻礙。

華嚴宗還從「法界緣起」引導出「十玄門」的理論。「十玄門」又稱為「十玄緣起」。首先提出這一理論的是華嚴宗二祖智儼（西元六〇二—六六八年），法藏最終完成了這一理論體系。智儼的「十玄門」稱為古十玄，法藏的「十玄門」稱為新十玄。「十玄門」是解釋「事事無礙」道理的。㈠同時具足相應門。佛教雖具各種法門，但緣起是萬事萬物的自性。同時具足各種條件（緣），圓滿相應，使之顯現。㈡一多相容不同門。佛教的各種法門，其中的任何一種都可以含攝其他的一切。㈢諸法相即自在門。每一種事物都是由於「緣起」而假有，個別事物如此，一切事物亦如此，所以「一即一切，一切即一」。㈣因陀羅網境界門。因陀羅是印度神話中的天老爺，其網結有無數寶珠，猶如佛的各種教法，互相映現。㈤微細相容安立門。事物無論如何微細，都體現了「法界緣起」的道理。㈥祕密隱顯俱成門。有的事物處於隱蔽狀態，有的事物處於顯現狀態。㈦諸藏純雜具德門。「純」是行同一法門，「雜」是行多種法門，不管是「純」還是「雜」，都可以自在具足。㈧十世隔法異成門。過去、現在、未來三世各具過、現、未三世而成九世，九世在一念心之中，九世與一念合成十世。「隔世異成」意謂隔世感異果。㈨唯心迴轉善成門。一切事物都是如來藏真心變現的。㈩托事顯法生解門。依靠不同的事物顯示「法界緣起」的道理。

華嚴宗五祖宗密（西元七八〇—八四一年）的《原人論》和《禪源諸詮集都序》受《大

乘起信論》的影響，尤為顯著。

《原人論》在論述「空」的時候，引用了《大乘起信論》的話：「《起信論》云：『一切諸法唯依妄念而有差別。若離心念，即無一切境界之相。』」[53]《原人論》還繼承了《大乘起信論》的「本覺」理論：「說一切有情皆有本覺真心，無始以來常住清淨，昭昭不昧，了了常知，亦名佛性，亦名如來藏。從無始際，妄相翳之不自覺知。」[54]《原人論》對如來藏的論述也類似於《大乘起信論》：「謂初唯一真靈性，不生不滅，不增不減，不變不易，眾生無始迷睡不自覺知，由隱覆故名如來藏。依如來藏故有生滅心相，所謂不生滅真心與生滅妄想和合，非一非異，名為阿賴耶識。此識有覺、不覺二義。」[55]

《禪源諸詮集都序》亦主張「如來藏緣起」，這和《大乘起信論》是一致的，它對「如來藏」是這樣論述的：「況此真性，非唯是禪門之源，亦是萬法之源，故名法性；亦是眾生迷悟之源，故名如來藏藏識；亦是諸佛萬德之源，故名佛性；亦是菩薩萬行之源，故名心地。」[56]

本書對「如來藏」的論述同於《大乘起信論》，既有清淨的內容，也有染汙的內容。《大

[53] 《大正藏》卷四五，第七〇九頁。
[54] 《大正藏》卷四五，第七一〇頁。
[55] 《大正藏》卷四五，第七一〇頁。
[56] 《大正藏》卷四八，第三九九頁。

乘起信論》把「如來藏」區分為心真如、心生滅二門，本書亦如此：「又雖隨緣而不失自性，故常非虛妄，常無變異，不可破壞，唯是一心，遂名真如。故此一心常具真如、生滅二門，未曾暫闕。」57《大乘起信論》的心真如門有空、不空二義；心生滅門有覺、不覺二義。本論也有類似的論述：「故此一心法爾有真、妄二義，二義復各二義，故常具真如、生滅二門。各二義者，真有不變、隨緣二義，妄有體空、成事二義，謂由真不變故妄體空為真如門。由真隨緣故妄成事為生滅門。以生滅即真如，故諸經說，無佛無眾生，本來涅槃常寂滅相。又以真如即生滅故，經云：『法身流轉五道，名曰眾生。』既知迷悟凡聖在生滅門，今於此門具彰凡聖二相，即真妄和合，非一非異，名為阿賴耶識。此識在凡本來常有覺與不覺二義。覺是三乘賢聖之本，不覺是六道凡夫之本。」58

《大乘起信論》對禪宗也很有影響，相傳禪宗自初祖達磨到四祖道信以《楞伽經》「印心」，五祖弘忍以後改為《金剛經》「印心」。實際並非如此，六祖慧能所主張的「真如緣起」亦可追溯到《楞伽經》。可見《楞伽經》對禪宗影響之大。《大乘起信論》又是根據《楞伽經》的指導思想而偽造，具體闡述並發展了《楞伽經》思想。禪宗和《大乘起信論》同出一源，其思想互相融通，是很自然的事情。《大乘起信論》的產生年代早於禪宗59，禪宗受其影響

57 《大正藏》卷四八，第四〇九頁。
58 《大正藏》卷四八，第四〇九頁。
59 據呂澂先生的〈起信與禪——對於《大乘起信論》來歷的探討〉一文，《大乘起信論》的成書年代上限為

也是順理成章的事情。

五祖弘忍（西元六〇一—六七四年）的《最上乘論》提出以一乘為宗，一乘即一心，也就是《大乘起信論》所講的心真如門。

六祖慧能（西元六三八—七一三年）在大庾嶺對陳慧順講的一段話，集中反映了慧能的禪宗主張：「自識本心，自見本性。」所謂「本心」、「本性」就是《大乘起信論》所說的「本覺」。慧能所說的「真如是念之體，念是真如之用」，相當於《大乘起信論》的心真如門和心生滅門。慧能的「無念為宗」淵源於《大乘起信論》的「若能觀察知心無念，即得隨順入真如門」，所謂「無念」即無妄念。慧能還特別強調了除迷顯淨心的理論：「人性本淨，為妄念故，蓋覆真如……」「菩提般若之智，世人本自有之。即緣心迷，不能自悟……」「自性常清淨，日月常明，只為雲覆蓋，上明下暗，不能了見日月星辰，忽遇惠風吹散，卷盡雲霧，萬象森羅，一時皆現。世人性淨，猶如青天，慧如日，智如月，智慧常明，於外著境，妄念浮雲蓋覆，自性不能明。故遇善知識，開真正法，吹卻迷妄，內外明徹，於自性中，萬法皆見。一切法自在性，名為清淨法身。」慧能這種主張和《大乘起信論》的除無明顯真如是一致的。

在修行方法上慧能還繼承了《大乘起信論》的「一行三昧」，但其解釋與《大乘起信論》不同，《大乘起信論》是這樣解釋的：「依此三昧證法界相。知一切如來法身與一切眾生平

西元五一三年，下限為西元五九二年。

等無二，皆是一相，是故說明一相三昧。若修習此三昧，能生無量三昧，以真如是一切三昧根本處故。」意思是說：依靠三昧（Samādhi，禪）可以認識到法界的真實相狀。諸佛法身（真如）和眾生身是一樣的，因為眾生身同樣存有真如（亦稱法界）。有了這種認識，就叫做「一行三昧」。真如是三昧的根本，因為「一行三昧」的最終目的是認識真如實相。《壇經》對「一行三昧」是這樣解釋的：「一行三昧者，於一切時中，行、住、坐、臥，常行直心是。……莫心行諂曲，口說法直。口說一行三昧，不行直心，非佛弟子。但行直心，於一切法，無有執著，名一行三昧。迷人著法相，執一行三昧，直言坐不動，除妄不起心，即是一行三昧。」慧能在這裡所說的「直心」是一般意義上的正直之心，也就是佛教所講的真如、法性、法界等。慧能認為不起妄念，不起執著，就是一行三昧。這種解釋和傳統解釋是不一樣的，《文殊師利所說摩訶般若波羅蜜經》卷下稱：「文殊師利言：『世尊！云何名一行三昧？』佛言：『法界一相，繫緣法界，是名一行三昧。』」[60]契嵩著《六祖大師法寶壇經贊》認為一行三昧者就是法界一相。由此可見，認識法界真相的禪定就是一行三昧。

禪宗北宗創始人神秀（約西元六〇六—七〇六年）的「五方便門」[61]的第一門是「離念門」，所謂「離念」就是離妄念，恢復到《大乘起信論》的心真如門，即本覺。

---

[60] 《大正藏》卷八，第七三一頁。

[61] 五方便門如下：(一)離念門；(二)開智慧門；(三)顯示不思議解脫門；(四)明諸法正性門；(五)了無異自然無礙解脫門。

四、《大乘起信論》的注疏

正因為本論影響巨大，所以很多佛教學者競相為之作注。其中著名的有如下幾種：

(一)《大乘起信論義記》三卷。唐代華嚴宗創始人法藏撰，又稱為《大乘起信論疏》，往往簡稱為《起信論義記》、《藏疏》、《賢首疏》等。本書作者以華嚴宗觀點注釋《大乘起信論》，共分十門：1.教起所因；2.諸藏所攝；3.顯教分齊；4.教所被機；5.能詮教體；6.所詮宗趣；7.釋論題目；8.造論時節；9.翻譯年代；10.隨文解釋。其中第三門顯教分齊，首先敘述開始於日照，以後傳至戒賢、智光等的三時判教，然後將中國大乘和小乘的各種經論，判攝為四宗：1.隨相法執宗。此指小乘十八部；2.真空無相宗。即《般若經》、《中論》、《十二門論》等中觀學派所依據的經論；3.唯識法相宗。係指《解深密經》、《瑜伽師地論》等大乘有宗經典；4.如來藏緣起宗。此指《楞伽經》、《密嚴經》、《究竟一乘寶性論》、《大乘起信論》等。這種判教方式很獨特，顯然不同於華嚴宗的五時判教法。

本書認為《大乘起信論》的「阿梨耶識」與唯識學派的阿賴耶識完全相同。又將《大乘起信論》三細中的業相、能見相、境界相，依其次第配於自證分、見分、相分。又將《大乘起信論》的六粗通於六識。認為《大乘起信論》只是論述了第八識和前六識，沒有論述第七識末那識。本書的注疏本甚多，主要有宗密的《起信論疏》四卷、湛睿的《起信論義記教理抄》十九卷、慧澄的《講義》三卷、鳳潭的《起信論義記幻虎錄》五卷、普寂的《起信論義記要決》三卷等。

(二)《大乘起信論義疏》四卷。又稱為《起信論義疏》、《起信論疏》、《淨影疏》等。本疏注釋真諦譯的《大乘起信論》，首先把全部佛典判為聲聞、菩薩二藏，把《大乘起信論》判歸菩薩藏；又把全部佛典劃分為修多羅、毘尼、毘曇三藏，把《大乘起信論》判歸阿毘曇藏。然後說明《大乘起信論》以八識之理為體，以行法為宗。其後解釋《大乘起信論》的題號，並介紹其作者。本書錯誤太多，也許不是慧遠所作。

(三)《起信論疏》二卷。又稱為《海東疏》，注釋真諦翻譯的《大乘起信論》。略立三門：1.標宗體。說明《大乘起信論》是一切大乘佛教經典和小乘佛教經典的精髓；2.釋題名。援引《虛空藏經》、《阿毘達磨雜集論》等，說明「大乘」的各種含義；3.依文顯義。逐文解釋《大乘起信論》。本書簡略明快，很受佛學界的重視。常被法藏的《大乘起信論義記》、太賢的《內義略探記》、見登的《同異略集》、宗密的《注疏》等所引用。

元曉的《起信論疏》、法藏的《大乘起信論義記》、慧遠的《大乘起信論義疏》合稱「起信論三疏」。元曉、法藏、慧遠被稱為「起信論三師」。除此以外，本論的疏釋還有以下幾種：

(四)唐代法藏述、宗密注的《大乘起信論疏》四卷。往往略稱為《起信論疏》，其內容是宗密摘錄法藏的《大乘起信論義記》，也摻雜了宗密的個人意見。日本鳳潭的《起信論義記幻虎錄》、普寂的《起信論義記要決》都對宗密提出批評，認為他竄改了《義記》，本書有刪補不當之處。全書分為二篇，第一篇〈總述義門〉，又分為辨教起因緣、約諸藏所攝、顯教義分齊、明教所被機、能詮教體、所詮宗趣等六門。第二篇〈隨文解釋〉，又分解名題、解文義二門。總述義門的六門，相當於法藏《義記》十門的前六門。隨文解釋的二門，解名題包括《義記》的第七釋論題目、第八造論時節、第九翻譯年代等三門。解文義相當於《義記》的第十隨文解釋門。

(五)隋代曇延著《大乘起信論義疏》二卷。卷下與元曉的《海東疏》相同，現在僅存卷上。分為三門：辨大意、解題號、隨文解釋。

(六)《大乘起信論別記》一卷，相傳作者是唐代法藏。湛睿的《起信論義記教理抄》卷一五、順高的《聽集記》卷一三、鳳潭的《起信論義記幻虎錄》卷四等，都認為本書是偽書，並非法藏所著。其內容是注釋真諦譯《大乘起信論》，並非全注，而是擇要而注，分為三十五章。

(七)宋代子璿著《大乘起信論疏筆削記》二十卷。往往簡稱為《起信論疏筆削記》。這是宗密《大乘起信論疏》的疏釋，因為作者頗能領會法藏原意，注釋又詳，故成為歷來研究《大乘起信論》不可缺少的注疏本。本書以《大乘起信論》配於五教判圓教一乘，與天台宗圓教相同，因此遭到後人的批評。

(八)明代智旭撰《大乘起信論裂網疏》六卷。往往簡稱為《起信論裂網疏》。本書是唯一注釋實叉難陀譯的《大乘起信論》，所謂「裂網」是破除法相、法性二宗差別的見解之網，以藏、通、別、圓四教中的圓教配以一心的眾生心，從而舉出圓教觀境的妄心，注疏本有觀國的《講錄》六卷。

(九)南朝陳代智愷著《起信論一心二門大意》一卷，注釋真諦譯的《大乘起信論》，智愷是真諦的弟子，又曾參與真諦譯場，所以他很能領會《大乘起信論》原意。「一心」即如來藏心，「二門」是指心真如門和心生滅門。

除上述注釋本以外，還有真界的《起信論纂註》、正遠的《起信論捷要》、通潤的《起信論續疏》、德清的《起信論直解》。在清代有續法的《起信論疏記會閱卷首》一卷和《起信論疏記會閱》十卷等。在敦煌卷子中，還發現了唐曇曠的《起信論廣釋》五卷和《起信論略述》二卷等。

近現代以來，《大乘起信論》在佛教徒中仍居重要地位，佛學家繼續競相為之作注，如倓虛的《大乘起信論講義》、慈舟的《大乘起信論述記》、桂伯華的《大乘起信論科注》、徐文蔚的《大乘起信論科會》、圓瑛的《大乘起信論講義》、印順的《大乘起信論講記》、高振農的《大乘起信論校釋》等。還有豐子愷譯自日文的湯次了榮的《大乘起信論新釋》。

《大乘起信論》傳入新羅和日本後，在那裡又出現了很多注釋本。《大乘起信論》影響之大，影響之深，在佛教經典中是罕見的。

五、本書傳說中的作者和譯者

《大乘起信論》的作者相傳是馬鳴(Aśvaghoṣa)，音譯阿濕縛窶沙。《出曜經》譯為馬聲，這比譯為馬鳴更確切一些，因為ghoṣa的本來意思是聲音。

關於馬鳴的生平事跡，佛教典籍的記載非常混亂，僧佑的《薩婆多師資記》記載有兩個馬鳴，後秦筏提摩多翻譯的《釋摩訶衍論》記載說：從佛出世到涅槃後的八百年中，先後出現六個馬鳴。佛學界認為《釋摩訶衍論》是韓國人的偽作，故對「六個馬鳴」之說持否定意見。

一般認為馬鳴的生活年代在龍樹之前，龍樹的生活年代大約是西元三世紀，馬鳴的生活年代大約是西元一、二世紀，中天竺舍衛國（在今印度西北部的拉普地河南岸）婆枳多城。原為婆羅門外道，能言善辯，當眾揚言：不能與其辯論者，不能受人供養。據《馬鳴菩薩傳》記載，脇尊者從北天竺趕來，與馬鳴辯論獲勝，所以馬鳴拜脇尊者為師，改信佛教，先於小乘佛教說一切有部出家，後改信大乘佛教。從此以後，馬鳴「博通眾經，明達內外」，奔赴各方，弘揚佛法，受到中天竺國王的優遇。

馬鳴多才多藝，是一位著名的藝術大師，他愛好文學，又擅長音樂，曾著名曲《賴吒啝羅》，還能親自演奏，以優美的樂曲表達苦、無常、無我等佛教基本理論，使人產生厭離塵世的情感。馬鳴是偉大的詩人，曾著《佛所行贊》五卷，以優美的詩行，讚頌佛祖釋迦牟尼的一生。馬鳴是古印度著名詩人迦梨陀娑(Kālidāsa)和偉大戲劇家跋娑(Bhāsa)的前輩，這兩位文學家顯然受其影響。馬鳴還是偉大的戲劇家，近代在我國新疆吐魯蕃發現馬鳴寫的三部佛教劇本，其中有一個九幕劇，以舍利弗故事為主要內容，這是現存最早的梵文劇本。

後有北天竺小月氏國迦膩色迦王進攻中天竺的摩揭陀國。摩揭陀國王深感力弱，不能抗敵，乃與其媾和，迦膩色迦王索要佛鉢、辯才比丘和一億金錢。由此馬鳴來到北天竺弘揚佛法，倍受迦膩色迦王尊重，人們尊稱他為「功德日」。相傳「諸有聽者，莫不開悟」，連馬都「垂淚聽法，無念食想」。因馬解其聲音，故稱馬鳴（《馬鳴菩薩傳》）。

據《婆藪槃豆法師傳》記載，馬鳴曾被邀請，與五百羅漢、五百菩薩一起，在罽賓國（今克什米爾）舉行結集，親任著文，經十二年功夫，編纂成《大毘婆沙論》一百萬偈。

除此之外，馬鳴的主要著作還有《六趣輪迴經》、《十不善業道經》、《尼乾子問無我義經》等。現存的《大乘起信論》標明「馬鳴菩薩造」，古今中外很多佛教學者對此提出疑問。從印度佛教發展史來看，大乘佛教先有龍樹及其弟子提婆創立的中觀學派，後有無著、世親創立的唯識學派。馬鳴的生活年代在龍樹之前，《大乘起信論》的理論又屬於唯識系統。在那樣的時代，出現那樣的理論是不可能的。而且，至今沒有發現《大乘起信論》的梵文原本，也沒有藏譯本。沒有發現梵文原本，有情可原，因為很多重要佛經，梵本已佚。沒有藏譯本，便令人費解。因為藏文佛經是從梵文翻譯過來的，重要佛經都有藏譯本。據《玄奘傳》記載，玄奘曾將《大乘起信論》譯成梵文（已佚）。由此推測，唐代沒有發現梵文本的《大乘起信論》。如果有的話，長期在印留學回國的玄奘，就沒必要把它譯成梵文了。以上事實說明：《大乘起信論》的作者不是馬鳴，而是中國地論師的偽造，因為《大乘起信論》闡述的唯識理論不同於玄奘創立的唯識宗，與地論師基本一致。

《大乘起信論》現有兩個漢譯本：一為梁真諦譯本，簡稱「梁譯本」；一為唐實叉難陀譯本，簡稱「唐譯本」。

真諦(Paramārtha，西元四九九—五六九年)，意譯波羅末陀，又稱為拘羅那陀(Kulanātha)，意譯親依。據《續高僧傳》卷一、《大唐內典錄》卷四、五等載，本西天竺優禪尼人，少時博通內外，尤精大乘佛教，後至扶南（今柬埔寨）弘法，梁武帝大同年間（西元五三五—五四五年）派人送扶南國使者回國，順便訪求名德和大乘經論，真諦因而來中國，隨身帶來梵文佛經二百四十夾。真諦於西元五四六年八月來到廣州，然後北上，兩年後到建業（今南京市），梁武帝深加敬禮，使住寶雲殿。因侯景之亂，於太清四年（西元五五〇年）來到富春（今浙江富陽），縣令陸元哲招集沙門寶瓊等二十餘人助真諦譯經，先後譯出《十七地論》、《中論》等。大寶三年（西元五五二年），應侯景之請回到建業，梁元帝即位後，真諦遷住正觀寺，與禪願等二十餘人翻譯《金光明經》。後輾轉來到晉安（今福建晉江），住佛力寺，與沙門僧宗、法准、僧忍等重新核定所譯經論。於文帝天嘉二年（西元五六一年）來到梁安郡（今廣東惠陽一帶），在建造寺講《解節經》等。十二月來到廣州，刺史歐陽頠迎住制旨寺，請他為菩薩戒師。天嘉四年（西元五六三年），此時真諦已六十五歲高齡，應慧愷、歐陽頠之邀，譯講《唯識二十論》、《攝大乘論》等。第二年譯講《俱舍論》。天康元年（西元五六六年）二月，應慧愷、僧忍之請，於顯明寺重治《俱舍論》譯文，第二年完成，又為僧宗、法准等再講《攝大乘論》一遍。西元五六八年，應南海郡法泰之請，譯講《律二十二明了論》。當時慧愷代真諦講《俱舍論》。六月，真諦厭世想自盡，被慧愷、歐陽頠勸阻，還居王園寺。八月份，慧愷病故。真諦惟恐《攝大乘論》、《俱舍論》從此以後無人弘傳，特邀道尼等二十餘人弘揚這兩部論。真諦又親自講《俱舍論》，因病而止。宣帝太建元年（西元五六九年）正月十一日圓寂。他所譯經論及講述疏記，《歷代三寶記》載為四十八部二三二卷，《開元釋教錄》載為三十八部一一八卷。

法藏著《大乘起信論義記》說，真諦於梁承聖三年（西元五五四年）在衡州建興寺譯《大乘起信論》。古今中外很多佛教學者對此提出疑問，隋代法經的《眾經目錄》，將《大乘起信論》列入「眾論疑惑部」。並說明如下：「《大乘起信論》一卷，人云真諦譯，勘真諦錄無此論，故入疑。」

相傳唐譯本《大乘起信論》的譯者是實叉難陀（Sikṣānanda，西元六五二—七一〇年），意譯學喜。據《宋高僧傳》卷二、《開元釋教錄》卷九等，他是于闐（今新疆和田一帶）人，應武則天之邀，攜帶梵本《華嚴經》自于闐來到洛陽，於證聖元年（西元六九五年）與菩提流支、義淨、復禮、法藏等在大遍空寺開始翻譯，聖曆二年（西元六九九年）在佛授記寺譯畢。此為唐譯八十卷《華嚴》，又稱為新譯《華嚴經》。武則天對此非常重視，曾親自到現場指導。久視元年（西元七〇〇年），實叉難陀又奉武則天之命，在潁川（今河南許昌）三陽宮翻譯《大乘入楞伽經》七卷，由復禮、法藏等擔任筆受、綴文。武則天親自為難陀翻譯的《華嚴經》和《楞伽經》作序。長安四年（西元七〇四年），他以母老為由回到于闐。景龍二年（西元七〇八年），應唐中宗之邀再次來長安譯經，住大薦福寺。還沒開始譯經，即患重病，睿宗景雲元年（西元七一〇年）十月圓寂。據《開元釋教錄》等所載，實叉難陀的譯籍總共一十九部一〇七卷。除《華嚴經》、《楞伽經》以外，還有《文殊師利授記經》、《入如來智德不思議經》、《如來不思議境界經》、《普賢菩薩所說經》、《十善業道經》等。

相傳實叉難陀曾經重譯《大乘起信論》，此說不可信。實叉難陀的生活年代晚於玄奘，如前所述，長期在印留學的玄奘，都沒發現《大乘起信論》的梵文本，實叉難陀怎能發現呢？法藏一直參加實叉難陀的譯場，是難陀譯經的得力助手之一。應當承認，法藏對實叉難陀是很熟悉的，對他也是很崇拜的。如果實叉難陀真的重譯過《大乘起信論》，他肯定認為難陀譯本的水平高於真諦譯本，他的《大乘起信論義記》應當以難陀譯本為底本。實際上並非如此，他依據的底本是真諦譯本。《義記》分十門對《大乘起信論》進行注釋，其中第九門是翻譯年代。如果實叉難陀真的翻譯過《大乘起信論》，此處應當提及，實際上無此內容。以上事實說明：實叉難陀不可能重譯《大乘起信論》。

第一章 歸敬頌

【題解】〈歸敬頌〉共十二句，每四句一頌，共三頌，前二頌歸敬佛、法、僧三寶，後一頌說明理由。本論段落分明，以五分組織全書內容，即因緣分、立義分、解釋分、修行信心分、勸修利益分。

大乘起信論❶一卷

馬鳴菩薩❷造

梁 西印度三藏❸法師❹真諦譯

歸命❺盡十方❻，最勝業❼遍知❽，

色無礙自在❾，救世大悲者❿。

及彼身體相⓫，法性真如海⓬，
無量功德藏⓭，如實修行等⓮。
為欲令眾生⓯，除疑⓰捨邪執⓱，
起大乘正信⓲，佛種⓳不斷故。

【章　旨】本論和其他佛教論典一樣，以歸敬頌開頭，稱為歸敬序，求得三寶加被。

【注　釋】❶大乘起信論　使人們對大乘佛教生起正信的一部論。大乘佛教是西元一世紀，在古印度形成的一個佛教派別，「大」是說這種教法的體、相、用極大。「乘」是運載的意思，是說這種教法能夠運載無量眾生從生死苦海此岸到達菩提涅槃彼岸。❷菩薩　梵文Bodhisattva的音譯菩提薩埵之略，意譯覺有情，是僅次於佛的佛教聖人。❸三藏　梵文Tripiṭaka的意譯，佛教典籍的總稱。「藏」原為古印度盛放東西的竹篋，佛教用來概括全部佛典。佛典分經、律、論三部分，故稱三藏。通曉三藏的僧人，被尊稱為三藏法師或三藏，如唐玄奘往往被尊稱為唐三藏。❹法師　梵文Dharmācārya的意譯，佛教稱謂，指通曉佛法並善於講解以及致力於傳法的僧人。據《瑜伽師地論》卷八一、《十住毘婆沙論》卷七、澄觀著《華嚴經疏》卷四三等所載，作為法師，必須具備法師十德，並行四法。法師十德如下：善知法義、能廣宣說、處眾無畏、無斷辯才、巧方便說、法隨法行、威儀具足、勇猛精進、身心無倦、成就忍力。行四法如下：廣博多學、善知世間、得禪定智慧、不增不減如法修行。《妙法蓮華經・法師品》把受持、讀經、誦經、解說、書寫佛經的僧人，稱為五種法師。現在，一般用作對僧人禮貌上的稱呼。❺歸命　梵文Namas的意譯，音譯南無。「歸」意謂歸順、歸敬，「命」是自己的身體性命。

「歸命」是讓自己的身體性命歸順歸敬於三寶。❻十方　佛經稱東、南、西、北、東南、東北、西南、西北、上、下為十方。❼最勝業　業是梵文Karma的意譯，音譯羯磨，即行為，泛指一切身心活動，一般分為身業（行動）、語業（說話）、意業（心理活動）。「最勝業」是指佛的三業最為殊勝，不可比擬。❽遍知　這是讚佛最勝的意業。佛的智慧稱為一切智、一切種智，對於世間和出世間的一切事物，無所不知，無所不曉，所以稱為「遍知」。佛的智慧分為真俗二智，真智又稱為如理智、無分別智、平等智，俗智又稱為如量智、有分別智、後得智，真智依照事法中的理法，遍知心真如門恆河沙數的功德；俗智依照理法中的事法，遍知心生滅門的緣起差別。二智圓滿，所以稱為「遍知」。❾色無礙自在　這一句是讚頌佛的身業。色是梵文Rūpa的意譯，原意為物質，此指佛的色身，即化身，由地、水、火、風等物質現象構成，所以稱為色身。「色無礙自在」是說佛的身體可以隨意大小，隨意變換位置，眼、耳、鼻、舌、身、意六根互用，可以豎窮過去、現在、未來三世，又可以橫遍十方，毫無阻礙，自由自在。❿救世大悲者　如果從二利來講，第二句和第三句是自利（自己覺悟），本句是利他（使他人覺悟）。如果從三業來講，第二句是讚佛意業，第三句是讚佛身業，本句是讚佛口業。悲常與慈連用，其意不同，給與眾生快樂稱為慈，為眾生拔除痛苦稱為悲。「大悲」只有佛和菩薩方可具有，據《俱舍論》卷二七，大悲屬於佛的俗智，具五義：1.資糧大。佛以大福德智慧資糧成辦；2.行相大。大悲力能於三苦（苦苦、壞苦、行苦）之境，作拔苦之行相；3.所緣大。以欲、色、無色三界的有情眾生為所緣；4.平等大。遠離怨親等分別心，普遍利樂一切有情眾生；5.上品大。大悲為諸法中是最上品，其餘各種悲心都無法與之相比。大悲與一般的悲有八種異：1.自性異。大悲以智慧為體，一般的悲以無瞋為體；2.行相異。大悲緣三苦之行相，一般的悲只緣「苦苦」之行相；3.所緣異。大悲通緣三界，一般的悲只緣欲界；4.依地異。大悲依第四禪，一般的悲通依四禪；5.依身異。大悲依佛身，一般的悲依小乘佛教的聲聞、緣覺二乘之身；6.證得異。大悲由於遠離有頂之惑而證得，一般的悲僅僅由於遠離欲界之惑而證得；7.救濟異。大悲能成就救濟之事，一般的悲只是希望救濟；8.哀愍異。大悲能哀愍平等，一般的悲只能拔除欲界之苦，不能拔除色界和無色界有情眾生的苦，所以是哀愍不平等。「救世大悲者」是佛以大悲心，用最殊勝的語業，應機說法，救度世間一切眾生。⓫及彼身體相　從佛的三身來說，前頌讚佛的報、化二身，本頌讚佛的法身。從三寶來說，前頌讚佛寶，本頌讚法寶。從三大來說，前頌是用大，本頌是體大和相大。因為佛的法身就是佛法，所以本頌既是讚佛的法身，又是讚佛法。「及彼身體相」是佛法身的本體和相狀，也就是法性和法相。⓬法性真如海　法性是梵文Dharmatā的意譯，是各種事物的真實體性，是一切事物現象真實不變的本性，從此意義來講，與真如同義，所以又稱為真如法性、真法性、真性、佛性等，法性是萬法之本，所以又稱為法本。真如是梵文Tathatā的意譯，「真」為真實而不虛妄，「如」為如常而無變易，所以真如被佛教視為永恆不變的絕對真理。「法性真如海」是說佛的法身這種真如法性像大海一樣廣大而無邊際，這是法身的體大。⓭無量功德藏　功德是梵文Guṇa的意譯，音譯求那，指功能福德。「功德藏」意謂積聚儲存諸善功德的寶藏，這是對佛的美稱，佛的法身成就所有功德，所以比喻為藏。「無量功德藏」是說佛的法身無所不包，無所不能，以此說明法相之大，或略稱為相大。⓮如實修行等　初地以上菩薩僧，為證得法性真如之理而修行，稱為「如實修行」。「等」，在上等取等覺，在下等取地前三賢菩薩，即十住、十行、十迴向。本句是讚僧寶。⓯眾生　梵文Sattva的意譯，又稱為有情、有情眾生等，佛教對人及一切有情識生物的通稱。⓰疑　梵文Vicikitsā的意譯，即疑惑，特指對佛教及其教義理論猶豫不決，持懷疑態度。⓱邪執　固執違反佛教的偏邪見解。⓲正信　虔信佛法的正直信念。⓳佛種　能生佛果的種子。《大乘起信論義記》卷上稱：「下佛種子於眾生田，生正覺芽，是故能令佛寶不斷。」（《大正藏》卷四四，第二四八頁）最後一頌說明歸敬三寶及造論的原因或理由。

【語　譯】

我歸命這一位盡十方虛空的最勝業遍知，

他色無礙自在，

他是救世大悲者，
我更歸命他所顯示人身的體及相，
他所證得的法性真如海，
他因此具有無量功德藏，
他能藉生滅色身而如實修行；
我期望能令眾生除疑捨邪執，
於自心生起正信的大乘佛法，
而這就是諸佛咐囑的：佛種不斷。

第二章　略標五分

【題解】列出五分名稱，作為全書的序分。

論曰：有法❶能起摩訶衍❷信根❸，是故應說。說有五分❹，云何為五？

一者因緣❺分，二者立義❻分，三者解釋❼分，四者修行信心❽分，五者勸修利益❾分。

【章旨】五分當中，最主要的是中間三分，立義分和解釋分屬於教義理論範疇，修行信心分屬於宗教倫理範疇。

【注釋】❶法　梵文Dharma的意譯，音譯達磨。在佛教文獻中大致有三種用法：1.佛的教法，稱為佛法；2.泛指一切事物和現象；3.特指某一事物或現象，如心法、色法等。此中是指心法，即包括二門三大之義的一心，稱為眾生心或如來藏清淨心。❷摩訶衍　梵文Mahāyāna的音譯，意譯大乘。❸信根　「信」即信仰三寶，「根」有生之義，信根是說信仰三寶，有產生其他一切善法的功能。此處是說，能使人生起一種相信大乘佛法的力量。❹五分　即五部分或五章，連同〈歸敬頌〉、〈略標五分〉及〈流通頌〉，本書共分八章。❺因緣　梵文Hetupratyaya的意譯，是指形成一切事物所依賴的原因或條件，其中起主要直接作用的條件是「因」，起間接輔助作用的條件是「緣」。「因」和「緣」有時同義為原因。此處是指撰寫《大乘起信論》的原因。❻立義　即立論，是論典所要成立的主要論點。❼解釋　立義分列舉的論點很簡略，令人費解，所以要進行廣泛深入的解釋。❽修行信心　「修行」是指佛教徒按照佛教教義修習行持。「信心」是指信仰佛、法、僧三寶之心。「修行信心」其意是通過修行，堅定信仰大乘佛教的決心。❾勸修利益　「利益」與「功德」同義。「勸修利益」是勸導人們修學此法，可得無量功德。

【語　譯】

論說：有一種教法能使人生起對大乘佛教的正信，所以應當撰說這部《大乘起信論》。

全論分為五部分，即五章。哪五章呢？

第一章：造論之因緣。

第二章：主要論點。

第三章：詳細解釋。

第四章：通過修行堅定信心。

第五章：勸導人們修學此法以獲無量功德。

第三章　造論原因

【題解】本章說明造論的八種原因，基本原因是使眾生離苦得樂。這八種原因，雖然佛經都已講到，但由於眾生根機修行各不相同，理解佛教義理的能力有別，有的眾生需要一本總括大乘要義簡單明瞭的論典，所以很有必要寫這部《大乘起信論》。

初說因緣分。

問曰：有何因緣而造此論？

答曰：是因緣有八種。云何為八？

一者因緣總相❶，所謂為令眾生離一切苦❷，得究竟樂❸，非求世間❹名利恭敬故；二者為欲解釋如來❺根本之義，令諸眾生正解不謬故；三者為令善根成熟眾生❻，於摩訶衍法堪任不退信❼故；四者為令善根微少眾生修習信心❽故；五者為示方便❾，消惡業障❿，善護其心⓫，遠離癡⓬、慢⓭，出邪網⓮故；六者為示修習止觀⓯，對治⓰凡夫⓱、二乘⓲心過故；七者為示專念⓳方便，生於佛⓴前，必定不退信心故；八者為示利益勸修行故。

有如是等因緣，所以造論。

【章　旨】本段說明造論的八種原因：1.使眾生離苦得樂；2.為了解釋佛教的根本原理；3.為了使善根成熟的眾生對大乘佛法堅信而不退轉；4.為了使善根微少的眾生增強修習信心；5.以方便法門，消除眾生的惡業障礙；6.說明修習止觀，對治凡夫、二乘的心理過失；7.說明念佛法門，使眾生往生於佛國之前，信心不再退轉；8.說明勸導人們修習此法，獲得無量功德的原因。

【注　釋】❶總相　相對別相而言。總括全體的狀態，稱為總相；僅指個別的狀態，稱為別相。在此八種因緣當中，第一是總相，後七種是別相。❷一切苦　苦是梵文Duḥkham的意譯，音譯豆佉，是指逼迫身心的苦惱狀態。與樂相對而成立，心向著如意對象稱為樂；心向著不如意對象稱為苦。據《清淨道論》，苦有嫌惡(Du)和空虛(Kham)二義，無「常、樂、我、淨」的狀態稱為空虛。據《大乘起信論義記》卷上，「一切苦」是指三苦二死。三苦是苦苦、壞苦、行苦。面對不如意對象所感覺的苦稱為苦苦，由於樂受破壞所感覺的痛苦稱為壞苦。由於世間無常所造成的痛苦稱為行苦。二死是指分段死和變易死。凡夫、二乘等在六道輪迴中的有情眾生，由於業報身的壞滅所造成的死，稱為分段死，因為處於輪迴中的眾生，生了死，死了生，分段進行。羅漢、菩薩等意生身，由於生滅變易所造成的死，稱為變易死。❸究竟樂　即無上菩提和大涅槃。菩提是梵文Bodhi的音譯，意譯為覺，佛的覺悟至高無上，故稱無上菩提。大涅槃即大般涅槃(Parinirvāṇa)，意譯大滅度、大圓寂等，是佛得到的究竟完全解脫境界。佛果不同於凡夫人天之果，也不同於二乘、菩薩之果，是至高無上的樂，所以稱為究竟樂。❹世間　即世俗世界，包括一切眾生及其所生存的環境。❺如來　梵文Tathāgata的意譯，音譯多陀阿伽陀。佛的十種名號之一，「如」為如實，即真如，是佛所說的絕對真理。佛是乘如實道而來成就正覺，所以稱為如來。❻善根成熟眾生　善根是梵文Kuśala-mūla的意譯，又稱為善本、德本等，即產生善法的根本。無貪、無瞋、無癡（痴）為善根之體，稱為三善根。「善根成熟眾生」是指完滿十信位的眾生。大乘佛教的菩薩修行有五十二階位，其中前十位稱為十信心位，即信心、念心、精進心、慧心、定心、不退心、迴向心、護法心、戒心、願心。滿此十心，名為「善根成熟眾生」。❼堪任不退信　不退是梵文Avinivartaniya的意譯，音譯阿惟越致、阿鞞跋致等，又稱為不退轉、無退、必定等。「退」為退轉、退墮等義，指退墮惡趣、二乘之地，使所證得的菩薩地和所悟之法退失。「堪任不退信」是菩薩進入十住正定聚。十住又稱為十地住、十法住、十解等。菩薩修行五十二階位的第十一至第二十階位：初發心住、治地住、修行住、生貴住、方便具足住、正心住、不退住、童真住、法王子住、灌頂住。❽信心　此指十信心的第二信至第八信，其信心尚未堅固，為使其堅固，故說四種信心和四種修行。❾方便　梵文Upāya的意譯，另譯善巧、變謀等，音譯漚和。全稱方便善巧、方便勝智，梵文Upāyakauśalya的意譯，音譯漚和俱舍羅。佛、菩薩為了度脫眾生，所採取的靈活手段或方法。❿惡業障　「惡業」是違背佛教道理的邪惡行為，如十惡、五逆等。十惡如下：殺生、偷盜、邪淫、妄語、兩舌、惡口、綺語、貪欲、瞋恚、邪見。五逆如下：殺父、殺母、殺羅漢、佛身出血、破和合僧。「惡業障」是說這些惡業障礙成就佛果。⓫心　梵文Citta的意譯，全稱心法，是一切精神現象的總稱，此指十信心。⓬癡　梵文Moha或Mūḍha的意譯，意謂愚昧無知，不明事理。⑬慢　梵文Māna的意譯，意謂傲慢。⑭邪網　癡、慢等邪法，猶如網絡一樣，繫縛有情眾生。⑮止觀　止和觀的合稱。止是梵文Śamatha的意譯，另譯止寂，音譯奢摩他，禪定的異名之一。觀是梵文Vipaśyana的意譯，音譯毘婆舍那，即智慧。禪定和智慧並稱，是佛教修行的重要方法。止是使觀察對象住心於內，專注一境；觀是在「止」的基礎上，集中觀察和思惟預定對象，獲得佛教智慧和功德。⑯對治　梵文Pratipakṣa的意譯，意謂否定、遮遣等，即以佛教真理斷除煩惱。據《俱舍論》卷二一，要想斷除「修所斷」的煩惱，有四種對治之道，可順次配於加行道、無間道、解脫道與勝進道。1.厭患對治。又稱為厭壞對治，首先深厭欲界生死之苦與煩惱惑業之集；2.斷對治。然後觀苦、集、滅、道四諦之理，以斷除煩惱；3.持對治。再次保持擇滅，即以真智的揀擇力斷滅煩惱；4.遠分對治。再觀四諦之理，更加遠離以前所斷除的煩惱。⑰凡夫　梵文Pṛthag-jana的意譯，音譯必栗託仡那，與聖人相對，指在生死迷惑中流轉，沒有斷惑證理的一般人。因為凡夫眾生隨業受報，不斷在六道中輪迴，這就產生不同類別的眾生，所以凡夫又稱為異生。⑱二乘　小乘佛教的聲聞乘和緣覺乘。聲聞，梵文Śrāvaka的意譯，親自聽聞佛的言教而得覺悟者。緣覺，梵文Pratyekabuddha的意譯，另譯獨覺、辟支佛等。不從他聞，憑自己觀悟十二因緣之理而得道者。⑲專念　專修念佛法門，專念阿彌陀佛。⑳佛　梵文Buddha的音譯，佛陀的簡稱，意譯為覺。覺有三義：自覺（自己覺悟）、覺他（使有情眾生覺悟）、覺行圓滿。是佛教修行的最高果位，凡夫缺此三項，小乘佛教的聲聞乘和緣覺乘缺後二項，菩薩缺最後一項，只有佛才三項俱全。小乘佛教只承認佛祖釋迦牟尼佛，大乘佛教認為有很多佛。此處特指淨土宗的信仰對象阿彌陀佛。

【語譯】

首先說明造論的因緣。

有人問：由於什麼因緣而造這部《大乘起信論》呢？

論主回答說：造論的因緣有八種，哪八種呢？

第一、從總的方面說明造論因緣。即為了使一切有情眾生脫離一切痛苦，獲得無上菩提和大涅槃的究竟妙樂，並不是為了求取人世間的名譽、利益和博取人們的恭敬。

第二、為了解釋如來佛的根本教義，使一切有情眾生正確理解，不至於謬誤。

第三、為了使善根成熟、十信心位已經圓滿的眾生，對於大乘佛法能夠信心成就而不退轉。

第四、為了使善根微少、十信心位沒有圓滿的眾生，進修信心，使之圓滿。

第五、為了顯示運用種種靈活方法或手段，消除惡業障礙，很好地護持十信心法，遠離一切愚癡和傲慢，跳出邪法網絡。

第六、為了顯示修習禪定和智慧，以滅除凡夫、聲聞、緣覺等不起大乘信心的過失。

第七、為了顯示專修念佛法門的殊勝方便，在往生於極樂淨土的阿彌陀佛以前，使信心決定不再退轉。

第八、為了向人們顯示，要想得到巨大功德，必須勸導人們修行大乘佛法。

由於這麼多原因，所以要撰寫這部《大乘起信論》。

問曰：修多羅[1]中具有此法，何須重說？

答曰：修多羅中雖有此法，以眾生根行不等，受解緣別。所謂如來在世，眾生利根❷，能說之人❸色心業勝❹。圓音一演❺，異類等解，則不須論。若如來滅後，或有眾生能以自力，廣聞而取解者；或有眾生亦以自力，少聞而多解者；或有眾生無自心力，因於廣論而得解者。自有眾生復以廣論文多為煩，心樂總持❻少文而攝多義能取解者。

如是，此論，為欲總攝如來廣大深法無邊義故，應說此論。

【章　旨】這種法門，雖然佛經中都已講到，但由於眾生的根機和修行能力各不相同，理解和接受佛教義理的因緣就有區別，有的眾生需要一部言簡義豐的論典，《大乘起信論》就是為了適應這一部分眾生的需要而撰寫的。

【注　釋】❶修多羅　梵文Sūtra的音譯，意譯契經，其義是契理契機的經典，即通常所說的佛經。❷利根　梵文Tikṣa-indriya的意譯，「利」意謂銳利或疾速，「根」為根機、根性，指受教修道的素質。「利根」意謂能敏銳地理解佛法，並能圓滿達到解脫者。❸能說之人　即能說法的人，此處特指釋迦牟尼佛。❹色心業勝　「色心業」即身、口、意三業，因為身、口二業屬於色法，意業屬於心法。「色心業勝」是說佛的身、口、意三業殊勝。因為佛的身業無礙自在，口業善巧，意業遍知，故稱殊勝。❺圓音一演　「圓音」即圓妙的聲音，指佛語。佛的一聲中含有一切義，又含有一切音，所以稱為圓音。佛在一處說法，世界上的一切眾生都能聽到。佛以一音說法，眾生各得其解。佛依其聲音，假立名、句、文等，而宣演大法，稱為圓音一演。❻總持　原意為持善不失，持惡不生，這裡作「受持」解。

【語譯】

有人問：這種教法，佛經中都講過了，何必再造論重說呢？

論主回答說：佛經中雖然講過這種教法，但因眾生的根機和修行能力各不相同，接受和理解佛教義理的其他條件也有區別。

如佛在世時，眾生有銳利的根機，能說法的佛陀，身、口、意三業殊勝，他用圓妙的聲音演說教法，各種不同類型的眾生聽後，都能得到各自類別的悟解，所以就不須造論。

佛逝世後，情況就不同了。有的眾生既能以自心實證覺悟之力，又加以廣聞經教，能夠正解佛意；有的眾生主要也是藉自心證力，因此雖然少聞經教，也能廣論經義；有的眾生自己沒有自心實證之力，而藉著他人所撰之佛法廣論，因此具有意念上的了解；也有的眾生，因為廣論文字太多太煩，內心喜歡受持一種言簡義豐的論書，希望從中得到悟解佛意。

如今所造的這部論，就是為了總括佛所說的具有深廣無邊的大乘經典義理，所以應該撰寫這部《大乘起信論》。

第四章　主要論點

【題解】本章是「立義分」，即擺出本論的主要論點。本論從「法」和「義」兩個方面說明大乘佛教，法是因，義是果。所謂「法」，是指本體，就是眾生心，因為眾生心能夠包含一切世間法和出世間法。此心具有二相：心真如相和心生滅因緣相。所謂「義」，即體、相、用三大。

已說因緣分，次說立義分。

摩訶衍者，總說有二種。云何為二？一者法❶，二者義❷。

【章旨】本段起承上啟下的作用，講完「因緣分」以後，再講「立義分」。總略說明大乘佛教的「法」和「義」。

【注釋】❶法　此指大乘佛教的法體。❷義　此指大乘佛教的義理。

【語譯】

已經講過造論的因緣，現在說明本論的主要論點。

大乘佛教，總略來說有二種。哪二種呢？

第一是大乘佛教的法體，第二是大乘佛教的義趣。

所言法者，謂眾生心❶。是心則攝一切世間法❷、出世間法❸，依於此心顯示摩訶衍義。何以故？是心真如相，即示摩訶衍體故。是心生滅因緣相，能示摩訶衍自體、相、用故。

【章　旨】正式指出眾生心是大乘佛教的法體，並說明其功能。

【注　釋】❶眾生心　除佛之外，一切六凡（地獄、餓鬼、畜生、修羅、人間、天上）三聖（聲聞、緣覺、菩薩）的心，此心有染、淨二分，所謂「染」，即生滅的雜染心，充滿無邊過失；所謂「淨」，即心真如而含無邊功德。所以，眾生心統攝一切世間法和出世間法，統攝一切善法和惡法，統攝一切有漏法和無漏法，統攝一切有為法和無為法。❷世間法　梵文Lokadharma的意譯，指惑業因緣所生的三界有情、非情等一切事物，世間法都是有漏（有煩惱）無常的。四諦中的苦、集二諦都屬世間法。利、衰、毀、譽、稱、譏、苦、樂，特稱為八世間法，又稱為八風。❸出世間法　梵文Lokottaradharma的意譯，與世間法相對，出世間略稱出世，超出世間之意。出世間法即出離有漏繫縛的無漏解脫法。如果世間法指世俗之事，則出世間法即指佛法；如果世間法是有漏（有煩惱），則出世間法即為無漏解脫；如果世間法是生死法，則出世間法即為涅槃；如果世間法是苦、集二諦，則出世間法即為滅、道二諦。

【語　譯】所說的法體，是指眾生心。眾生心含攝一切世間法和出世間法。依此眾生心，顯示大乘佛教義趣。

為什麼呢？由於此心的不生不滅真如法相，正顯示大乘佛教的清淨自體。而此心的因緣生滅雜染之相，正顯示真如法體本所藏有的無邊相狀與功用。

所言義者，則有三種。云何為三？

一者體大❶，謂一切法真如平等不增減❷故；二者相大❸，謂如來藏❹具足無量性功德❺故；三者用大❻，能生一切世間出世間善因果故，一切諸佛本所乘故，一切菩薩皆乘此法到如來地❼故。

【章　旨】從義理來講，眾生心有三大：體大、相大、用大。

【注　釋】❶體大　眾生心的真如本體，廣大洪深，是一切事物的所依。在一切事物當中，都有真如實性，沒有任何區別。這種真如實性能夠遍十方，窮三世，真如之體如此大，眾生心體也如此大，故稱體大。❷一切法真如平等不增減　「一切法」係指一切世間法和出世間法。「真如平等不增減」意思是說：一切事物的真如本體，平等相待，在聖不增，在凡不減，不受染淨的影響，也不因凡聖而有變易。❸相大　如來藏的體相大，眾生心即如來藏中，本來就含有無數的偉大智慧和光明，具足圓滿，毫不短缺，故稱相大。❹如來藏　梵文Tathāgata-garbha的意譯，真如的別名之一，一切眾生藏有本來清淨的法身，亦即佛性，但被煩惱覆蓋。❺性功德　如來藏體性本來具有的功德。❻用大　如來藏的功能大，作用大，能夠產生一切善的因果。❼如來地　如來是梵文Tathāgata的意譯，佛的名號之一，意謂乘如實道而來。如來地即佛地，也就是究竟無餘涅槃之地，即佛的果位。

【語　譯】

所說的大乘佛教義趣，共有三種。哪三種呢？

第一、真如自體體大。一切事物中，真如自體是一樣的，沒有增多，也沒有減少。

第二、真如自體相大。如來藏中，圓滿具有真如體性本來就有的無邊功德相。

第三、真如自體用大。因為能夠生起一切世間和出世間的善好因果，所有諸佛本來就乘此真如力而達究竟之地，也就是說，一切菩薩全都乘此大乘教法而達如來佛地。

第五章　詳細解釋

【題　解】本章詳細解釋一心、二門、三大等《大乘起信論》的基本論點。

「一心」即眾生心，也就是真如。「二門」即心真如門和心生滅門。心真如門是眾生心的本體，又稱為不生不滅門；心生滅門又稱為生生滅滅門，是指真如本體所變現的事物現象。二門的關係是不一不二，既不等同，又無區別。猶如海水與波浪的關係，因風動而起波浪，波浪不等於海水，所以二者不一；儘管起波浪，海水本性不發生任何變化，所以海水與波浪畢竟不二。

由真如緣起引申出阿梨耶識，正如《大乘起信論》所說：「依如來藏故有生滅心。所謂不生不滅與生滅和合，非一非異，名為阿梨耶識。」阿梨耶識有覺、不覺二義，覺有本覺、始覺之分。由不覺的妄念分出無明業相、能見相、境界相之三細和智相、相續相、執取相、計名字相、起業相、業繫苦相之六粗。

《大乘起信論》認為心真如門和心生滅門可以相互熏習，這就是淨法熏習和染法熏習。在論述心生滅門的時候，還詳細解釋了體、相、用三大。

已說立義分，次說解釋分。

解釋分有三種，云何為三？

一者顯示正義❶，二者對治邪執❷，三者分別發趣道相❸。

【章旨】本段起承上啟下的作用，講完立義分以後，再講解釋分。略標本分的三種內容，屬於理論的有二種：顯示正義、對治邪執；屬於實踐的有一種：分別發趣道相。

【注釋】❶顯示正義　說明大乘佛教的正確義理，即一心、二門、三大。❷邪執　外道的邪解異說，主要是人我執和法我執。人我執主張有主宰人體、常恆不變的靈魂，法我執主張一切事物有常恆不變的自體自性。❸道相　「道」是菩提(Bodhi)，即覺悟。眾生根機有利鈍之分，證得覺悟有快慢之分，這就是道相。

【語譯】

已經列出《大乘起信論》的主要論點，然後詳細解釋。

本章內容主要有三部分，哪三部分呢？

第一、說明大乘佛教的正智義趣；第二、破除外道的錯誤主張；第三、辨別眾生發心趣向佛道之相。

顯示正義者，依一心法❶有二種門，云何為二？

一者心真如門❷，二者心生滅門❸。是二種門皆各總攝一切法。此義云何？以是二門不相離❹故。

【章　旨】大乘佛教的正確義理，就是一心二門。心真如門和心生滅門都可以各自含攝一切事物，二門的關係是不一不異，不相脫離。

【注　釋】❶一心法　「一心」即眾生心，也就是如來藏心。因為眾生心含攝一切世間法和出世間法，所以稱為「一心法」。❷心真如門　與心生滅門相對應，是指如來藏心的體性。心真如門認為一心的本體是非生非滅，非染非淨，非動非靜，平等一味，是超越一切差別的絕對平等之理體，即不變真如。❸心生滅門　與心真如門相對應，說明如來藏心的體相和作用。心生滅門認為，真如依無明妄緣起動生滅心，產生各種差別現象，如生滅、染淨、動靜等，這就是隨緣真如。❹二門不相離　心真如門是心生滅門之體，心生滅門是心真如門之相，二門相互隨順而不相離。

【語　譯】

說明大乘佛教的正智義趣，即是依止一如來藏心法，這裡面有兩種含義，哪兩種呢？第一是心真如門，第二是心生滅門，這二門都各自含攝一切事物。這是什麼意思呢？因為這二門互不相離。

心真如者，即是一法界❶大總相法門體❷。所謂心性❸不生不滅，一切諸法唯依妄念❹而有差別。若離妄念，則無一切境界❺之相。是故一切法從本已來，離言說相，離名字相，離心緣相，畢竟平等❻，無有變異，不可破壞，唯是一心，故名真如。以一切言說，假名❼無實，但隨妄念，不可得故。言真如者，亦無有相。謂言說之極，因言遣言。此真如體無有可遣，以一切法悉皆真故。亦無可立，以一切法皆同如故。當知一切法不可說不可念，故名為真如。

【章旨】「心真如」是事物的本體，既不可說，又不可想。

【注釋】❶一法界　「一」是獨一無二的意思。法界是梵文Dharmadhātu的意譯，音譯達磨馱多。「法」是宇宙萬有，「界」為因義。獨一無二的一心，也就是一法界，是宇宙間森羅萬象事物產生的原因。❷大總相法門體　總相相對於別相而言，法界真如貫通一切事物，故稱「總相」。這種總相含攝一切別相，故稱「大總相」。這種法界真如的總相，是產生一切事物的本體，故稱「大總相法門體」。❸心性　梵文Cittaprakṛti的意譯，即心之本性，這種本性是永恆不變的，即如來藏自性清淨心，與佛性、真如、法性等同義。❹妄念　眾生貪著色、聲、香、味、觸、法六塵境界所產生的虛妄心念，也就是無明或迷妄的執念。凡夫眾生因為心迷而不知事物的真實屬性，產生錯誤的妄念。這種妄念能夠攪動平等的真如海，而現出千差萬別的波浪。消除這種妄念，才能證悟。

❺境界　往往略稱為「境」(Visaya)，是指眼、耳、鼻、舌、身、意六識所緣取的色、聲、香、味、觸、法六塵或六境。❻畢竟平等　如來藏在聖並不增多，在凡也不減少。❼假名　一切事物的名稱，都是虛假不實，並不存在與之相對應的真實事物。

【語譯】

「心真如」，是獨一無二的法界，是一切事物的清淨自體。即所謂心自性不生不滅，而一切現前物事，唯依於妄念，然後產生所執的差別，若能當下於念離念，則沒有一切境界相狀等等之物事。

所以，一切事物從其本來清淨自體來說，都是遠離言說，遠離名字，遠離思慮的，都是畢竟平等，沒有變異，不可破壞，只是獨一無二的眾生心，所以稱為真如。

又因為一切言說，都是假設名相，沒有與之相對應的實定自體，只是隨妄念而現起，不可得其實定自體。

所說的「真如」，也沒有它決定不遷的相狀，只是一個言說的至極之名，說出言說所能表達的最極真實，因此排除了其他的言說。

這種真如之體，是無可遣除的，因為一切事物莫不以真如為其自體。

這種真如自體，也沒有可建立的，因為一切事物，都是同一真如自體。

由此可知，一切事物之不可言說不可思慮，所以稱為「真如」。

問曰：若如是義者，諸眾生等云何隨順而能得入❶？

答曰：若知一切法雖說無有能說可說❷，雖念亦無能念可念❸，是名隨順。若離於念，名為得入。

【章旨】由言說思念入手，認識不可說不可想的真如，即以文字般若通達實相般若。消除妄念，就是悟入。

【注釋】❶得入　證得悟入真如之理。❷能說可說　即能說的名言和所說的義理。❸能念可念　即能念的心和所念的境。

【語譯】

有人問：就根據以上所述之義趣，一切眾生如何隨順這個義趣而悟入真如呢？

論主回答說：如果能夠認識到：一切事物雖有種種言說，而於實際，無有能說可說，雖現前種種之念，而於實際，亦無能念可念。能於思惟中有這樣明白，叫做隨順。如果在真修實證中，念離於念，念念不住，叫做得入。

復次，真如者，依言說分別有二種義。云何為二？

一者如實空❶，以能究竟顯實❷故；二者如實不空❸，以有自體具足無漏❹性功德❺故。

所言空❻者，從本已來一切染法❼不相應故，謂離一切法差別之相，以無虛妄心念故。

當知真如自性❽，非有相，非無相，非非有相非非無相，非有無俱相。非一相，非異相，非非一相非非異相，非一異俱相。

乃至總說，依一切眾生以有妄心❾，念念分別，皆不相應，故說為空。若離妄心，實無可空故。

所言不空者，已顯法體❿空無妄故，即是真心⓫，常恆不變，淨法⓬滿足，故名不空。亦無有相可取，以離念境界，唯證相應故。

【章　旨】上段講的是離言真如，本段講的是依言真如，它有二義：如實空和如實不空。如實空，是說真如無染無差別之相，是非有、非無、非亦有亦無、非非有非無，非一、非異、非亦一亦異、非非一非異；如實不空，是說真如即清淨真心，永恆不變，其自體具足無漏性功德。

【注　釋】❶如實空　又稱為空真如，「如實」是真如的異名之一，意謂真如實體，「如實空」是說真如實體空淨，遠離一切妄染。❷顯實　《大乘起信論》認為：真如在自體上空其虛妄染法，所以真如空性，能夠最終顯示出真如自體的真實性。❸如實不空　又稱為不空真如，因為真如自體具足無漏清淨功德，所以稱為如實不空。❹無漏　「漏」是梵文Āsrava的意譯，原意漏泄煩惱，有「流」、「住」二義。由於煩惱業因，使有情眾生不斷從眼、耳、鼻、舌、身、意六瘡門流出「不淨」，從而造成新業因，形成煩惱之果。由於業因，使眾生留住三界，不斷受苦。無漏是梵文Anāsrava的意譯，與有漏相對，消除「漏」的流、住二義，斷除三界煩惱的涅槃、菩提等，皆稱無漏。❺功德　梵文Guṇa的意譯，音譯求那。意指功能福德，《大乘義章》卷九稱：「言功德，功謂功能，善有資潤福利之功，故名為功；此功是其善行家德，名為功德。」(《大正藏》卷四四，第六四九頁)❻空　梵文Śūnya的意譯，音譯舜若，意謂事物的虛幻不實，或指理體的空寂明淨。因為世界上的一切事物，都是因緣所生，剎那生滅，沒有質的規定性和獨立實體，假而不實，所以稱之為空。❼染法　染汙法的略稱，一切煩惱、惡業、惡果等，能夠染汙善心、淨心，所以稱為染法。❽自性　梵文Svabhāva的意譯，自體之本性。❾妄心　即虛妄分別之心，或雜染虛假、生滅轉變之心。❿法體　事物的體性、本質、自體、本體等。⓫真心　與妄心相對，即真實心，或心的本性之理。⓬淨法　與染法相對，指沒有染汙的清淨之法。也就是佛所說的正法，因為這種正法能使眾生超三界，得解脫，身心清淨，所以稱為淨法。

【語　譯】

而且，這種真如依言說分別，有兩種含義。哪兩種呢？

第一是如實空，由於它能夠寂滅一切緣起眾相之故。第二是如實不空，由於本所具足含藏決定性的一切無邊因緣現起廣大功德力之故。

所以說它為空，是由於它從本以來於一切生滅現起的雜染諸法不相應，即是說，它離一切諸法差別之相狀，由於它本來並非虛妄心念的緣故。

我們應當知道，清淨真如自性，非是有相，非是無相，也不否絕有相，也不否絕無相，也不俱有有相無相二者，它既不是某一種相，也不是某幾種相，它不否絕某種一相，也不否絕某幾種相，並且，它也不否絕俱有某一種相與某幾種相。

這樣，總的說來，一切眾生依止於其妄執念念分別之心，都與真如不相應，因此，站在這個分別心的基礎上，說真如為空。若有人能當下於妄心而離妄心，那麼，真如是沒有什麼可以空的。（因為於妄離妄，那麼這能離妄自性的妄心，即是真如，妄心即是真如，有什麼可以空的呢？）所以說它為不空，乃是由於於妄離妄，於法離法，這樣，法體已顯，法體已遍無所不在，一空自性，諸妄不立，這就是真心，它常恆不變，它淨法滿足，因此說真如為不空。

然後我們就可以明白，真如無相可取，由於諸取相者，皆已不住於相——於念離念的境界，唯實證相應。

心生滅者，依如來藏故有生滅心。所謂不生不滅與生滅和合，非一非異，名為阿梨耶識❶。

此識有二種義，能攝一切法❷、生一切法❸。云何為二？一者覺❹義，二者不覺義。

【章　旨】如來藏是生滅現象的體，生滅現象是如來藏的相，不生不滅的如來藏與生滅和合，即為阿梨耶識，它有覺、不覺二義。

【注　釋】❶阿梨耶識　梵文Ālaya-vijñāna的音、意合譯，另譯阿賴耶識、阿黎耶識，意譯藏識、無沒識等，唐法藏的《大乘起信論義記》稱：「阿梨耶及阿賴耶者，但梵言訛也。梁朝真諦三藏訓名翻為無沒識，今時奘法師，就義翻為藏識。但藏是攝藏義，無沒是不失義，義一名異也。」唯識學的第八識。❷能攝一切法　阿賴耶識能夠含攝一切染淨諸法，即「萬法唯識」。❸生一切法　阿賴耶識依靠它含藏的種子，能夠產生一切染淨事物。❹覺　梵文Bodhi的意譯，音譯菩提，意謂覺悟，即覺察惡事，開悟真理。

【語　譯】

所謂心生滅，即依止如來藏清淨心，而有生滅雜染心。這就是不生不滅的如來藏自性清淨心與生滅現起的七識染心和合不離，二者既不同一，又不相異，名為阿梨耶識。

此識有兩種含義，能夠含攝一切染淨事物，能夠產生一切染淨事物。這兩種含義是什麼呢？第一種含義是覺悟的意思，第二種含義是不覺悟的意思。

所言覺義者，謂心體離念。離念相者，等虛空界❶，無所不遍❷，法界一相❸，即是如來平等法身❹。依此法身說名本覺❺，何以故？

本覺義者，對始覺❻義說。以始覺者，即同本覺❼。始覺義者，依本覺故而有不覺❽，依不覺故說有始覺。又以覺心源故，名究竟覺❾。不覺心源故，非究竟覺。

此義云何？如凡夫❿人覺知前念起惡故，能止後念令其不起。雖復名覺，即是不覺⓫故。如二乘⓬觀智，初發意菩薩等⓭，覺於念異，念無異相⓮。以捨麁分別執著相⓯故，名相似覺⓰。如法身菩薩等⓱，覺於念住，念無住相⓲。以離分別麁念相故，名隨分覺⓳。如菩薩地盡⓴，滿足方便㉑，一念相應覺心初起，心無初相。以遠離微細念故，得見心性，心即常住，名究竟覺。是故修多羅㉒說：「若有眾生能觀無念者，則為向佛智故。」

又，心起者，無有初相可知。而言知初相者，即謂無念。是故一切眾生不名為覺。以從本來念念相續，未曾離念，故說無始無明。若得無念者，則知心相生、住、異、滅㉓，以無念等故。而實無有始覺之異。以四相俱時而有，皆無自立，本來平等，同一覺故。

【章　旨】阿梨耶識中有覺、不覺二義，「覺」分為本覺和始覺。本覺即眾生原有的自性清淨心，即如來法身。始覺是經過修行而顯現的本覺。由本覺而有不覺，即本覺被無明覆蓋，使之顯現不出來。經過修行，使本覺開始顯現，就是始覺。隨順修行，覺悟逐步增長，所以始覺分為四位：不覺、相似覺、隨分覺、究竟覺。

【注　釋】❶虛空界　即虛空境界。虛空是梵文Ākāśa的意譯，與「無」同義，虛無形質，空無障礙，所以稱為虛空。❷無所不遍　周遍包含一切，不管是過去、現在還是未來，也不管是凡夫還是聖人，都無所不包，無所不遍。❸法界一相　世間一切事物，雖然各自外相不同，但它們都是法界真如變現的。從此意義來說，它們只有一相，毫無差別。❹法身　梵文Dharmakāya的意譯，佛的三身（法身、報身、應身）之一，即佛法所成之身，所以法身無相，即眾生先天具有的如來藏心、真心、本覺，以此為成就佛身之因，所以稱為法身佛或法佛。❺本覺　有情眾生先天具有的覺性，與始覺相對，「本」是心的本性，「覺」是覺悟。心體本性所具有的清淨覺體，稱為本覺。❻始覺　與本覺相對，經過修行，逐漸破除無始以來的妄染無明，覺知先天的心源，歸返本覺的清淨體性，並與本覺融合為一，這就稱為始覺。❼即同本覺　始覺與本覺的覺體沒有任何區別，完全是同一個東西。正如《大乘起信論義記》卷三所說：「此始覺是本覺所成，還契心源，融同一體，方名始覺，故云以始覺即同本覺也。」❽不覺　心性本來是清淨無染的，遇無明之緣而生種種虛妄之相，產生世間的種種意識活動，這就是不覺，所以由本覺而有不覺。通過修行，逐步消除無明妄染，稱為始覺，所以由不覺而有始覺。❾究竟覺　始覺四位的最後一位，十地菩薩，完成因行，始覺達到圓滿階段，與本覺完全契合為一，以相應的一念之慧，覺知心之本初，遠離微細心念而徹見心性。此時已經成佛，所以稱為究竟覺。❿凡夫　梵文Prthag-jana的意譯，音譯必栗託仡那，又稱為異生。即凡庸之人，不理解苦、集、滅、道等佛教真理。他們受無明所惑，隨業受報，在六趣輪迴，不得自在，不斷受苦，所以有種種類別的凡夫眾生，所以凡夫又稱為異生。⓫不覺　始覺四位的第一位，十信位之人，雖然已經覺知惡業之因能夠招感苦果，由此遠離惡業，但還未覺知煩惱，還未生起斷惑之智，故稱不覺。⓬二乘　即小乘佛教的聲聞乘和緣覺乘。⓭初發意菩薩等　「初發意菩薩」即最初發心修行的菩薩。此中「等」字，是省略十住、十行、十迴向三賢位的菩薩。⓮念無異相　了知虛妄分別的心中，沒有異相的實性。能夠了知異相沒有真實自性，就是能夠覺了異相。⓯麁分別執著相　六識的分別為粗（麁）分別，第七識末那識和第八識阿賴耶識的分別為細分別。粗分別是說這種分別粗顯易懂，細分別是說這種分別細密難知。粗分別的執著相，是指六相中的計名字相和執取相。⓰相似覺　始覺四位的第二位，小乘佛教的聲聞、緣覺二乘人和十住、十行、十迴向三賢位的菩薩，已經捨除我執，還沒有捨除法執；已經捨除粗分別，還沒有捨除細分別。發類似真覺的智慧，所以稱為相似覺。⓱法身菩薩等　十地菩薩都能斷除一部分無明，證得一部分法身真如之理，所以稱為法身菩薩，又稱為法身大士。《大智度論》卷三八稱：「法身菩薩斷結使，得六神通。生身菩薩不斷結使，或離欲，得五神通。」（《大正藏》卷二五，第三四二頁）此處的「法身菩薩」是指初地菩薩，用「等」字代表二地以上菩薩。⓲念無住相　這種不是住於「有」，而是住於「空」，「空」也是相。再破除這「空」相，即徹底破除法執，就是「念無住相」。⓳隨分覺　初地至九地菩薩，已經遠離法執之念，了知一切事物都是唯心所現。能覺的菩薩智，能夠逐地增悟一分真如法身之理，只是分證，而不是圓滿，所以稱為隨分覺。⓴菩薩地盡　菩薩十地都已修行圓滿，覺悟窮盡。㉑方便　梵文Upāya的意譯，另譯善權、變謀等。全稱方便善巧、方便勝智等，梵文Upāyakauśalya的意譯，音譯漚和俱舍羅。是菩薩為了度脫眾生所採取的各種靈活手法。㉒修多羅　梵文Sūtra的音譯，意譯契經，即佛經，三藏之一的經藏。此處特指《楞伽經》，下段引文，參見四卷《楞伽經》卷二、十卷《楞伽經》卷四、七卷《楞伽經》卷三。㉓生住異滅　因緣和合而成的有為法四相，「生」是事物的產生，「住」是事物的持續狀態，「異」是事物的變異，「滅」是事物的澌滅。

【語　譯】

所說「覺」的意思，就是心之自體於念離念。出離妄念的體相，與虛空比喻相等，沒有不周遍包容的，所有事物的境界只有一種相狀，這就是如來佛的平等法身。依據這種法身，把它稱為本覺。為什麼呢？

由於本覺之義是對始覺之義而說。所謂「始覺」，與本覺完全相同。「始覺」的含義是，因為依於「本覺」而有「不覺」，由於對照「不覺」，才說有「始覺」。

又因為覺悟到眾生心就是一切事物的本源，所以稱為究竟覺。而覺悟不到眾生心是一切事物的本源，所以不是究竟覺。

這是什麼意思呢？如一般人，能夠覺察到前念生起惡念，能夠停止後念不生起惡念，這雖然也稱為「覺」，實際上還是「不覺」。

如聲聞、緣覺二乘人觀察事物的智慧以及最初發心修行的菩薩等，能夠覺察到妄念的異相。破除人我執以後，已經沒有妄念的異相，因為他們已經捨除了粗顯分別的執著相，所以稱為相似覺。

如初地法身菩薩等，能夠覺知妄心的住相，並能覺知這種住相沒有真實自性，因為已經出離一切虛妄分別的粗顯妄念之相，所以稱為隨分覺。

如果菩薩十地已到盡頭，一切靈活方便手段都已經圓滿具足，始覺的最後一念能與本覺相應，覺知一念無明動心的初起，心自體沒有初起之相，因為已經出離微細的妄念，如實徹見心性自體，心性自體一證永證，一得永得，這就稱為究竟覺。

所以，《楞伽經》說：「若有眾生能正觀妄念無自性，即是迴向佛如來的智慧。」

而且，覺心初起，並沒有初相可知，所說的了知初相，其實就是妄念不生。所以，一切有情眾生都不能稱為覺悟，因為他們從本以來，就是一個妄念接著一個妄念，總是相續不斷，從來就沒有出離過心念之虛妄相續，所以說為沒有開端的無明。

若能念離於念，前念不住即是後念不生，於此不生不滅之當下，則知心相的生住異滅，因為這個無念實在即是等覺！在等覺中，並不存在著先後而又有所繼續的次第不同的感覺。

由於生住異滅之心相之入於不生不滅，即是徹底證知此生住異滅之心相。

於寂滅徹證中，熾然建立，即是四相俱時而有，而此四相，當下現前不生不滅，即是皆無自立。

清淨不住清淨，現起不住現起，於無所有不住境界中，現起與不現起，平等不礙，即是同一本際之大覺。

復次，本覺隨染分別，生二種相，與彼本覺不相捨離。云何為二？一者智淨相❶，二者不思議業相❷。智淨相者，謂依法力熏習❸，如實修行❹，滿足方便故。破和合識相❺，滅相續心相，顯現法身，智淳淨❻故。此義云何？以一切心識之相❼，皆是無明❽。無明之相，不離覺性，非可壞❾，非不可壞❿。如大海水，因風波動，水相風相不相捨離。而水非動性，若風止滅，動相則滅，濕性不壞故。如是眾生自性清淨心⓫，因無明風動，心與無明俱無形相⓬，不相捨離。而心非動性，若無明滅，相續則滅，智性不壞故。

不思議業相者，以依智淨，能作一切勝妙境界⓭。所謂無量功德之相，常無斷絕。隨眾生根，自然相應，種種而見，得利益故。

【章 旨】《大乘起信論》的「覺」義分為本覺和始覺，上段講始覺，本段講本覺。本覺有二種：一是隨染本覺，二是性淨本覺。性淨本覺是體，隨染本覺是用，本段講隨染本覺。隨染本覺有二種相：一是智淨相，二是不思議業相。

【注　釋】❶智淨相　「智」即智慧，此處特指始覺的智慧。「淨」即清淨無染，此處特指本覺的自性清淨心。被不覺妄染所掩蓋的本覺，因始覺智慧，而把妄染掃除乾淨，恢復其本來清淨之相，這就是智淨相。《大乘起信論義記》卷三稱：「言智淨相者，明本覺隨染還淨之相。」❷不思議業相　「不思議」是說事理深妙稀奇，不能以心思慮，不能以言語議論。「業」是梵文Karma的意譯，音譯羯磨，意謂造作，泛指一切身心活動，一般分為三業：身、口、意。「不思議業相」，是說始覺達到最高點，妄染全部掃除，使本覺恢復本來清淨之相，使之發揮固有的性德，隨順眾生善緣，發揮不可思議的利他偉業。❸法力熏習　「法力」是佛教正法摧邪揚善的功力。「熏習」是通過熏染所留下的習氣和影響。「法力熏習」是依靠佛教正法之力所進行的熏習，包括真如本覺激發的內熏和佛菩薩等教法的外熏。❹如實修行　為了證契真如實理，依靠內外二熏之力，努力修習行持。❺破和合識相　「和合識」即阿賴耶識，因為阿賴耶識是真妄和合，是生滅無明和不生滅如來藏的和合識。「破和合識相」即破除阿賴耶識的生滅無明妄相，徹底顯現不生滅的法身本覺。❻智淳淨　始覺智慧，淳一不雜，離垢清淨。由於修行，使染緣脫盡，本覺之心還原為淳淨圓智。❼心識之相　心相和識相。心相是生滅相續的心相。識相是生滅、不生滅和合的識相。❽無明　梵文Avidyā的意譯，又稱為癡、愚癡等，十二因緣之首、三毒之一、根本煩惱之一，意謂對苦、集、滅、道等佛教真理愚昧無知。❾非可壞　無明之相與本覺體性非異，本覺體性是不可壞滅的。❿非不可壞　無明之相與本覺體性非一，無明體相不是不可破壞的。⓫自性清淨心　即如來藏心，又稱為真心。眾生心，自性清淨，沒有任何妄染。⓬心與無明俱無形相　自性清淨心隨無明而起，完全顯示無明之相。所以自性清淨心之外沒有無明的形相，無明之外也沒有自性清淨心的形相。無明和自性清淨心非異，不相捨離。⓭能作一切勝妙境界　依靠智淨相，能夠斷破無明，顯現法身，能為眾生變現十分微妙的殊勝境界，為眼根示現三十二相、八十種好等妙境，為耳根示現美妙聲音，為鼻根示現清淨妙香，為舌根示現美妙法味，使身根感到三昧的妙觸，使意根能夠知解微妙深法。

【語譯】

再者，本覺隨順染法而作虛妄分別，生起二種相，這二種相與其本覺不相捨離。哪二種相呢？一是智淨相，二是不思議業相。所謂智淨相，是依止佛教正法力之熏習，如實修行了具足一切因位之種種方便，破除真妄和合阿賴耶識中的生滅妄相，又能斷滅無始以來相續的染心妄相，顯示了不生不滅的本覺法身，這是完全因於修行者正智淳淨的緣故。

這是什麼意思呢？因為生滅相續的心相和生滅與不生滅和合的識相，都是無明。無明的體相又不離本覺體性，因此它既是堅實的，同時又是生滅無常的，如大海裡的水，因風吹而有波動，水相和風相彼此之間不相捨離，但水的動搖並非完全是水自身的，假若風止滅了，水的動相就會滅除，而水的濕性卻依然存在。如此看來，有情眾生的自性清淨心，因無明之風而動，自性清淨心和無明都無形相，二者之間不相捨離，而自性清淨心的本性是不動的，假若無明滅除，則生滅相續心相就會滅除，這是因於本覺智性清淨不異，亦不壞滅的緣故。

所謂不思議業相，是依止本智清淨無漏之力，能夠造作一切殊勝的微妙境界，即無數的各種功德之相，永無斷絕，隨順有情眾生不同的根機，自然與之相應，示現種種變化，使有情眾生得到與根機相應的利益。

復次，覺體相者，有四種大義，與虛空等，猶如淨鏡。云何為四？

一者如實空鏡❶。遠離一切心境界相，無法可現，非覺照義❷故；

二者因熏習鏡❸。謂如實不空，一切世間境界悉於中現，不出不入❹，不失不壞❺，常住一心，以一切法即真實性故。又一切染法所不能染，智體不動，具足無漏，熏眾生❻故；三者法出離鏡❼。謂不空法❽，出煩惱礙❾、智礙❿，離和合相⓫，淳淨明⓬故；四者緣熏習鏡⓭。謂依法出離故，遍照眾生之心，令修善根⓮，隨念示現故。

所言不覺⓯義者，謂不如實知真如法一故，不覺心起而有其念。念無自相，不離本覺。猶如迷人，依方故迷，若離於方則無有迷。

眾生亦爾，依覺故迷，若離覺性，則無不覺。以有不覺妄想心故，能知名義，為說真覺。若離不覺之心，則無真覺⓰自相可說。

【章　旨】上段講隨染本覺，本段講性淨本覺。用虛空和淨鏡兩種比喻說明性淨本覺的四種義相：如實空鏡（空鏡）、因熏習鏡（不空鏡）、法出離鏡（淨鏡）、緣熏習鏡（受用鏡）。阿梨耶識有覺、不覺二義，以上說明覺，以下說明不覺。不覺分為根本不覺和枝末不覺，根本不覺就是不如實知真如法體是絕對平等的唯一總相。

【注　釋】❶如實空鏡　四鏡之一，可以略稱為空鏡，本覺真如的實體，本來空寂，遠離一切妄心境界之相，如明鏡無染，這就是空真如。❷非覺照義　事物本來就是空無，並不是明照以後才是空無。❸因熏習鏡　四鏡之一，又稱為不空鏡。本覺真如之體，是永恆存在的，是一切事物的真實性，具足無漏的清淨功德，能為「因」以熏習眾生。又像一面明淨的鏡子一樣，能受無明的熏染，而顯現一切塵俗事物的映像。❹不出不入　宇宙萬有在「因熏習鏡」的顯現，有待於真如本覺受無明的熏習，本覺是內因，無明是外緣。沒有無明外緣，不能出現，這就是「不出」；宇宙萬有，也不是從外界進入覺體的，所以是「不入」。❺不失不壞　由「因熏習鏡」所顯現的宇宙萬有，不是無，這就是「不失」。這些映像是由真如顯現，並不是另有其體，如鏡中影像，刀刃不能傷，這就是「不壞」。❻熏眾生　本覺真如是無垢清淨的，具足無漏性功德，能作內熏之因，熏習有情眾生，使之厭生死，求涅槃。❼法出離鏡　四鏡之一，往往略稱為淨鏡。真如法體，出離煩惱之塵，純一明淨，就像一面鏡子，拭去塵埃，顯現光明。❽不空法　即本覺真如之法，世間一切事物都沒有自己的體性，此稱空法。本覺真如有其自體，相對世間空法而言，稱為不空法。❾煩惱礙　即煩惱障，梵文Kleśāvaraṇa的意譯，又稱為惑障，我執等煩惱，擾亂有情眾生的身心，障礙成就涅槃聖道，故稱煩惱障。❿智礙　又稱為智障、所知障(Jñeyāvaraṇa)有情眾生由於根本無明惑、法執等煩惱，障蔽其真如根本智，迷昧於所知境界，障礙成就菩提聖道。⓫和合相　即阿賴耶識生滅與不生滅和合的識相。⓬淳淨明　離去不生滅與生滅和合的阿賴耶識的雜相，稱為「淳」，因無染心，稱為「淨」，沒有無明，稱為「明」。⓭緣熏習鏡　四鏡之一，又稱為受用鏡。真如本覺之體，出離無明纏縛以後，隨機照物，為眾生作外緣熏力，使其修習善根，就像是位於高臺的明鏡被受用一樣。⓮善根　梵文Kuśala-mūla的意譯，又稱為善本、德本等，是產生善法的根本，如得正見、作善行等，無貪、無瞋、無癡稱為三善根。⓯不覺　與「覺」相對，即無明，不具有了知萬有真相的智明。就像無明分為根本無明和枝末無明一樣，不覺也分為根本不覺和枝末不覺二種，前者是迷真無明，全然無知於真如之法平等一味。後者是執妄無明，由根本不覺所生起，繼而產生三細、六粗之相，由根本不覺產生枝末不覺，由枝末不覺起惑造業，輪迴受苦。⑯真覺 佛的究竟覺悟，以此區別於菩薩的相似覺、隨分覺，所以稱為真覺。

【語 譯】

再者，本覺的體相，有四種重要義趣，與虛空等同，又像一面清淨的鏡子。有哪四種重要義趣呢？

一者如實空鏡。因為本覺體相，能夠出離有情眾生的一切妄心境界相，本覺中，沒有任何可以顯示的事物，這是因為事物本來就是空無，並不是明照以後才是空無的緣故。

二者因熏習鏡。由於本覺真如的實體不空，一切世間境界，都能從中示現，而真如並不隨著任何示現之境界之出入而出入，也不隨著種種境界而失落、破壞；真如常住一心，因此一切起滅之諸法，也就無不真實。並且，本覺智體如如不動，一切染汙的事物都不能使它受到汙染，而又本來圓滿具足無漏之力，能夠熏習眾生。

三者法出離鏡。本覺真如是不空之法，出離煩惱障和所知障，出離阿賴耶識的生滅與不生滅的和合相，這是因於它自體淳淨、通達又光明的緣故。

四者緣熏習鏡。因為它依止「法出離鏡」，普遍覺照眾生之心，使之因緣種種方便而修習善根，因此能夠隨順眾生心念示現一切。

所說「不覺」的意思，是因為不如實了知真如法體之平等一相，這種不覺之心，它是生滅的，它隨時生起無明妄念，這種妄念沒有自己實定的體相，也離不開本覺，就像迷失了方向的人一樣，正是因為有方向，才產生迷惑，如果根本沒有方向，就不會有所謂迷惑。

有情眾生也是這樣，因為有本覺，所以有無明迷惑，假若沒有本覺的體性，就不會有不覺。所以，由於有不覺的妄想之心，能夠了知事物的名稱和意涵，所以覺悟者可以為他說真覺，假若出離不覺的妄心（這其實就是真覺），於是，也就沒有另自一個真覺自己的體相可說了。

復次，依不覺故生三種相，與彼不覺相應不離。云何為三？

一者無明業相❶。以依不覺故心動，說名為業，覺則不動，動則有苦，果不離因故；二者能見相❷。以依動故能見，不動則無見；三者境界相❸。以依能見故境界妄現，離見則無境界。

以有境界緣故，復生六種相。云何為六？

一者智相❹。依於境界，心起分別，愛與不愛故；二者相續相❺。依於智故，生其苦樂，覺心起念，相應不斷故；三者執取相❻。依於相續，緣念境界，住持苦樂，心起著故；四者計名字相❼。依於妄執，分別假名❽言相故；五者起業相❾。依於名字，尋名取著，造種種業故；

六者業繫苦相❿。以依業受果，不自在故。

當知無明能生一切染法，以一切染法皆是不覺相故。

【章　旨】上段講根本無明，本段講枝末無明。由根本無明衝動本覺，本覺微動，形成三細：無明業相、能見相、境界相。後生六種粗動：智相、相續相、執取相、計名字相、起業相、業繫苦相。

【注　釋】❶無明業相　三細之一，略稱為業相。「無明」此指根本無明。由於根本無明，使本覺真如之心微動，這就是「業」，動必有苦。❷能見相　三細之一，略稱為見相，即見初動之相。又稱為轉相，依初起動業之識，轉成能見之相，這是依「無明業相」所生起的認識對象之心。❸境界相　三細之一，略稱為現相或境相。由於「能見相」，而顯現虛妄境界相。「能見相」生起以後，就要產生認識對象。❹智相　「智」為分別。有情眾生不了解「境界相」是內心所現的虛妄境界，執著為心外實物，並產生愛或不愛的情感。❺相續相　由「智相」所生起的愛或不愛的情感，於愛境生樂，於不愛境生苦，愛、不愛與樂、苦相應不絕，相續出現，這就是相續相。❻執取相　由於「相續相」而生苦、樂，經常固執於苦、樂之境，即生我執，這就稱為執取相。❼計名字相　由於「執取相」而生虛妄執著，在虛妄執著的事物上建立名稱言說之相，這就是計名字相。❽假名　佛教認為，一切事物都是虛假不實的，都是「空」，沒有與事物名稱相應的實體，所以把事物的名稱稱為假名。❾起業相　由於「計名字相」而誤認事物實有，遵循名稱而立美醜、怨親、苦樂等，由此造作善、惡二業，這就稱為起業相。❿業繫苦相　由「起業相」而造善惡諸業，使眾生有生死逼迫之苦，在三界輪迴，不得自在，所以稱為業繫苦相。

【語譯】

再者，依止不覺而生三種細相，這三種細相與不覺永遠相應，而不相離。哪三細呢？第一、無明業相。因不覺無明而起心動念，這就稱為業。因為，如果是真覺，那麼，覺的時候，心是不動的，而生滅心動，這就是苦因，心動為因，受苦為果，果不能脫離因。第二、能見相。由於「無明業相」起動心念，而生「能見」，本覺心如如不動，是不會有能見之相的。第三、境界相。因為「能見相」，使隨之而有的虛妄境界頓時顯現，出離「能見相」，「境界相」就會斷滅。

以虛妄顯現的境界為緣，又生六種粗顯之相。哪六種呢？第一、智相。由「三細」所現的境界，心起虛妄分別，又生愛與不愛之情。第二、相續相。依「智相」而生苦、樂，由苦、樂二覺而起心念，苦、樂與心念永遠相應而不斷絕。第三、執取相。由於「相續相」，攀緣思念虛妄境界，執持苦、樂，生起執著之心。第四、計名字相。由於「執取相」，分別計度，假立名字言說之相。第五、起業相。由於「計名字相」，尋思名字，愛取執著，造作各種各樣的善惡無記諸業。第六、業繫苦相。由於「起業相」，而受苦樂果報，使有情眾生得不到解脫自在。

由此可知，無明能夠產生一切染汙之法，因為一切染汙之法都是不覺之相。

復次，覺與不覺有二種相。云何為二？

一者同相，二者異相。同相者，譬如種種瓦器，皆同微塵性相。如是無漏無明種種業幻，皆同真如性相。是故修多羅中，依於此真如義故，說一切眾生本來常住入於涅槃❶。菩提之法，非可修相，非可作相，畢竟無得❷，亦無色相❸可見。而有見色相者，唯是隨染業幻所作，非是智色❹不空之性，以智相無可見故。

異相者，如種種瓦器，各各不同。如是無漏無明，隨染幻差別，性染幻差別故。

【章旨】從同、異兩個方面，說明覺與不覺之間的關係。

【注釋】❶涅槃　梵文Nirvāṇa的音譯，意譯滅度、寂滅等，是佛教修行所要達到的最終目的。消除惑和業，擺脫生死輪迴之苦，達到解脫自在的一種精神境界。❷畢竟無得　菩提之法本來就有，證悟時也畢竟無得。❸色相　一般指形質相狀，是世間色法的本質特徵之一。特指佛或菩薩為了教化有情眾生，而顯現的色身相貌。❹智色　在真如本覺的智體當中，所存在的三十二相、八十種好等色法，稱為「智色」。《大乘起信論》認為，沒有這種「智色」，因為真如的智相是無相，靠有情眾生的妄念，是看不見的。

【語譯】

再者，覺與不覺有二種相。哪二種呢？

第一是同相，第二是異相。所謂同相，如各種各樣的瓦器，從微塵性相來說，都是相同的。

如此看來，無漏無明的種種虛幻業用，都與真如的本性及其顯現的相狀相同。所以在佛經中，依此真如的含義，說一切有情眾生都入於涅槃，並常住於涅槃之中。佛法菩提中，不住於修行所得的諸相，也不住於修行之後所顯示的諸種功用，畢竟清淨無可得者，亦無色相聲音諸種留礙，而一切可見之色相聲音，唯是隨染業幻所作，不是「智色」不空之真性，以菩提大覺之智，清淨平等一相，無可見可聞諸種留礙之相。

所謂異相，如各種各樣的瓦器，有形形色色不同的相狀。如此看來，無漏無明，隨順有情眾生的妄染而幻化出差別，這是由於無明的本性就是染汙的，因此能幻化出差別。

復次，生滅因緣❶者，所謂眾生依心、意、意識❷轉故。

此義云何？以依阿梨耶識，說有無明不覺而起❸，能見❹、能現❺、能取境界❻，起念相續❼，故說為意。此意復有五種名，云何為五？

一者名為業識❽。謂無明力不覺心動故；二者名為轉識❾。依於動心能見相故；三者名為現識❿。所謂能現一切境界，猶如明鏡現於色像。現識亦爾，隨其五塵⓫對至即現，無有前後，以一切時任運而起，常在前故；四者名為智識⓬。謂分別染淨法故；五者名為相續識⓭。以念相應不斷故，住持過去無量世等善惡之業，令不失故，復能成熟現在未來苦樂等報，無差違故。能令現在已經之事，忽然而念。未來之事，不覺妄慮。是故三界[14]虛偽，唯心所作。離心則無六塵[15]境界。

此義云何？以一切法皆從心起，妄念而生。一切分別，即分別自心。心不見心[16]，無相可得。當知世間一切境界，皆依眾生無明妄心而得住持。是故一切法，如鏡中像，無體可得，唯心虛妄。以心生則種種法生，心滅則種種法滅故。

復次，言意識者，即此相續識，依諸凡夫取著轉深，計我[17]、我所[18]，種種妄執，隨事攀緣，分別六塵，名為意識，亦名分離識[19]。又復說名分別事識[20]，此識依見、愛煩惱[21]增長義故。

【章旨】生滅因緣，就是從阿梨耶識開發萬有的因緣，「心生則種種法生，心滅則種種法滅」，此中之「心」即阿梨耶識，由心而有意，由意而有識。意有五名：業識、轉識、現識、智識、相續識。宇宙萬有都是由心造作的幻有，如鏡中影像，虛幻不實。

【注　釋】❶因緣　梵文Hetupratyaya的意譯，因和緣的合稱，此指有為法產生和消滅的主要原因和輔助條件。❷心意意識　唯識學派認為：「心」是第八識阿賴耶識(Ālaya-vijñāna)，「意」是第七識末那識(Manas-vijñāna)，「意識」是指前六識：眼識、耳識、鼻識、舌識、身識、意識。❸不覺而起　真如覺體，由於無明之緣而起動，名為「業識」，即前文所說三細、六粗中的業相。❹能見　依不覺之業相，發生「能見」的主觀作用，「能見」與真心起動同時，這是轉識，即前文所說的見相。❺能現　依「能見」之轉相，生起能現之現相，出現客觀境界，這是現識，即前文所說的境界相。「能見」之主觀和所現境界之客觀同時而有。❻能取境界　即能取「現識」所現境界的智相，認識境界，分別外界的實在，這就是智識，即前文所說的智相。❼起念相續　由於能取境界的智相，誤認內心幻影為外界實在，由此而起分別妄念，念念不斷，這就是相續識，即前文所說的相續相。❽業識　又稱為業相(Karmajātilakṣaṇa)、業相識，五意之一，三細之一，由於根本無明之惑，使不覺之妄心起動，這是有情流轉的根本識，相當於阿梨耶識中的自體分。❾轉識　梵文Pravṛttivijñāna的意譯，依止「業識」之動心，轉成「能見」之相。❿現識　梵文Khyāti-vijñāna的意譯，即能夠變現之識，依止轉識的能見之相，能現一切境界，如色、聲、香、味、觸等，如明鏡能夠顯現一切事物的影像。主觀的「能見」和客觀五境無前後之別，一切時皆不斷絕，任運自然，宇宙萬有由此而現。⓫五塵　眼、耳、鼻、舌、身五識緣取的五種外境：色、聲、香、味、觸，稱為五塵。佛教認為：這五種外境像塵埃一樣，汙染人的情識。⓬智識　智慧分別之識，即思量、識別「現識」所顯現的一切淨法和染法。⓭相續識　法執的妄念，一念接著一念，相互依存，相續不斷。⓮三界　梵文Triloka的意譯，有情眾生存在的三種境界：欲界、色界、無色界。欲界由具有食欲、淫欲眾生所居。色界在欲界之上，此界眾生已離食、淫二欲，其宮殿等，仍具色法。無色界在色界之上，為無形色眾生所居。⓯六塵　眼、耳、鼻、舌、身、意六識所緣取的六種外境：色、聲、香、味、觸、法。⓰心不見心　就像眼不能見眼、刀不能切刀、手指不能指手指本身一樣，心也不能見心，所以心無相可得，主觀和客觀完全泯亡。⓱我　梵文Ātman的意譯，音譯阿特曼，一般認為是對人體起主宰作用的靈魂。⓲我所　意為「我之所有」，一般指色、聲、香、味、觸、法六塵。⑲分離識　意識作用分離，由於眼、耳、鼻、舌、身、意六根，分別緣取色、聲、香、味、觸、法六塵。⑳分別事識　因為意識能夠分別過去、未來、內外種種事相，所以又稱為分別事識。㉑見愛煩惱　見煩惱是見道所斷惑。「見」是梵文Dṛṣṭi的意譯，一般指屬於外道的錯誤見解。愛煩惱是修道所斷惑，所以又稱為修惑、思惑等。見煩惱是迷理之惑，愛煩惱是迷事之惑。迷理之惑易斷，迷事之惑難斷。

【語譯】

再者，一切生滅的內因外緣，盡皆是有情眾生依止心、意、意識轉動而生起的。

這是什麼意思呢？因為依止阿梨耶識而說有無明不覺生起，能見、能現、能取境界，生起妄念，相續不斷，所以說為「意」。這種「意」又有五種名稱，哪五種呢？

第一名為業識。即依止根本無明之力，不覺的妄心起動。第二名為轉識。依止「業識」的動心，轉成能見之相。第三名為現識。依止轉識之相，能現一切境界，就像明鏡顯現各色各樣的影像。現識也是這樣，它隨順眼等五根，對於色等五塵，同時即能現出眼等五識，沒有前後，因為在任何時候，現識都是自然生起，經常出現在各種相狀生起之前。第四名為智識。就是識別「現識」顯現的一切汙染乃至非汙染之一切事物。第五名為相續識。由於分別心之緣量境界而不斷生起妄念，這種妄念是相應的心所法，並且，這種妄念是相續不斷的，它能緊緊把握住並保持過去無量世所造的善惡之業，使之不致滅失，又能使過去世所造善惡之業用成熟起來，相應地招致現在、未來世的相應苦、樂等果報，還能使過去所經之事，現在忽然起念，對未來之事，亦能於不覺中生起虛妄思慮。所以說，三界的一切事物都是虛幻不實的，只是由如來藏一心所造作，離此覺與不覺之一心以外，就不會有任何六塵境界。

這是什麼意思呢？因為一切事物都是如來藏心生起的，由不覺妄念而顯現。一切思量分別，即是思量分別的心，而當如來藏真如清淨心不見此汙染不覺之心，則無一切諸相可得可見。應當知道，世間一切境界，都是依靠有情眾生的無明妄心而得執著。所以，一切事物都如鏡中影像一樣，沒有實體可得，只是一心的虛妄顯現。因妄心生起，則種種事物生起；因妄心滅除，則種種事物滅除。

再者，所說的意識，就是這種相續識。因為凡夫眾生的執著越來越深，計度我和我所，生起種種妄執，隨順攀緣，對六塵分別認識，這就稱為意識，又稱為分離識，又再稱為分別事識，這種意識又依見煩惱和愛煩惱，增長其義。

依無明熏習所起識❶者，非凡夫能知，亦非二乘智慧所覺。謂依菩薩從初正信發心觀察❷，若證法身，得少分知。乃至菩薩究竟地❸，不能知盡，唯佛窮了。

何以故？是心從本已來，自性清淨，而有無明為無明所染，有其染心，雖有染心，而常恆不變，是故此義唯佛能知。所謂心性常無念，故名為不變。以不達一法界❹故，心不相應，忽然念起，名為無明。

染心者有六種，云何為六？

一者執相應染[5]。依二乘解脫[6]及信相應地[7]遠離故；二者不斷相應染[8]。依信相應地修學方便，漸漸能捨，得淨心地[9]究竟離故；三者分別智相應染[10]。依具戒地[11]漸離，乃至無相方便地[12]究竟離故；四者現色不相應染[13]。依色自在地[14]能離故；五者能見心不相應染[15]。依心自在地[16]能離故；六者根本業不相應染[17]。依菩薩盡地[18]得入如來地[19]能離故。不了一法界義者，從信相應地[20]觀察學斷，入淨心地[21]隨分得離[22]，乃至如來地能究竟離故。

言相應義者，謂心念法[23]異，依染淨差別，而知相[24]、緣相[25]同故。不相應義[26]者，謂即心不覺，常無別異，不同知相緣相故。

又，染心義者，名為煩惱礙，能障真如根本智[27]故。無明義者，名為智礙，能障世間自然業智[28]故。

此義云何？以依染心[29]，能見[30]、能現[31]，妄取境界[32]，違平等性[33]

故。以一切法常靜，無有起相，無明不覺，妄與法違，故不能得隨順世間一切境界種種智故。

【章　旨】上段說明緣起之義，本段說明生滅因緣的體相，要素有三：真如是內因，無明是外緣，染心是緣起之相。前段是就流轉門說明，本段是就還滅門說明。

【注　釋】❶識　梵文Vijñāna的意譯，音譯毘闍那、毘若南，一般指人的精神現象，此處特指業識，這是有情眾生輪迴流轉的根本識。❷初正信發心觀察　從菩薩修行的十信位之初心階段，即觀察本識。❸究竟地　菩薩修行十地的最後一地法雲地。法身如虛空，智慧如大雲。❹一法界　即前文所說的真如一法界大總相法門體。❺執相應染　「執」即執著心外有法，相當於六粗中的執取相和計名字相二種粗顯我執。「相應」指心王與心所法相互依存、相互適應。「染」是染汙心的自性。在聲聞、緣覺二乘中，已經解脫三界見、思惑的無學位與信根成就的十住以上者，都可以遠離此染。❻解脫　梵文Mokṣa的意譯，指擺脫煩惱業障的繫縛而得自由自在。❼信相應地　又稱為信行地、信地，指與信相應，登初住菩薩之階位，此位已斷見、思之惑。❽不斷相應染　相當於九相中的相續相，屬於粗分別的法執，於十住以上之三賢位斷此而修學方便漸捨，後至發無漏清淨心之初歡喜地菩薩遠離此染。❾淨心地　即十地中的初地，又稱為歡喜地，因為初地菩薩初證真如，真如清淨，所以稱為淨心地。❿分別智相應染　「分別智」指能分別世間、出世間諸法染淨之智，與心王相應而染汙淨心。相當於九相中的智相，是粗的俱生法執，自第二地修空無相觀至用方便之第七地菩薩遠離此染。⓫具戒地　即十地中的第二地，又稱為離垢地。因為該地菩薩持戒精嚴，所以稱為具戒地。⓬無相方便地　十地中的第七地遠行地，又稱為深行地或深入地，住於無相行，即在禪定中悟空寂無相之理，遠離世間二乘，有加行方便之功用，所以稱為無相方便地。⑬現色不相應染　根本無明熏習淨心，現境界色相，相當於前述「現識」，三細中的「能現相」。「不相應」是說與心王、心所不相應。第八地菩薩遠離此染。⑭色自在地　即第八地不動地，因八地菩薩得三種世間自在，色性隨心而無障礙，所以稱為色自在地。⑮能見心不相應染　由根本無明的一念動心，轉成能見之相，相當於前述「轉識」和三細中的能見相。不與心王、心所相應，第九地菩薩遠離此染。⑯心自在地　菩薩修行十地中的第九地善慧地，因為九地菩薩於自心、他心都得自在，能夠得到四十種無礙智，又善知眾生差別，所以稱為心自在地。⑰根本業不相應染　由於根本無明力，使心體始動，動而業，心王與心所不相應。相當於九相中的業相，菩薩圓滿成就第十地因位，即果位之佛，就能夠入如來地，就能夠遠離此染。⑱菩薩盡地　菩薩修行十地中的第十地法雲地。十地菩薩金剛喻定現前時，微細習氣和心念都已滅盡，所以稱為菩薩盡地。⑲如來地　又稱為如來果地或佛地，菩薩修行十地圓滿，就能進入如來果地。⑳信相應地　菩薩修行五十二階位的十信位，「十信」全稱十信心：信心、念心、精進心、慧心、定心、戒心、迴向心、護法心、捨心、願心。㉑淨心地　菩薩修行十地中的初地。㉒隨分得離　菩薩修行有十地，每達一地，都要破除一部分無明，證得一部分真如，遠離一部分業惑。㉓念法　即心所法，因為心所法是隨順心王（心法）起念而形成。㉔知相　即能知之心相，屬於主觀範疇的心法。㉕緣相　即所緣之境相，屬於客觀範疇。《大乘起信論》認為：外境是心王變現的幻有，是虛假不實的，是空。其性隨順心王，心染則境染，心淨則境淨，二者同一，融洽不離。㉖不相應義　即心王、心所不相適應。六染心的前三染：執相應染、不斷相應染、分別智相應染，是相應的，即心王、心所相互適應。前三染都有「相應」二字。後三染：現色不相應染、能見心不相應染、根本業不相應染，與之相反，其義是不相應。㉗根本智　又稱為真智、實智、如理智等，即洞察萬事萬物並契會真理之智，因為這種智慧能生後得智，是後得智生起的根本，所以稱為根本智。㉘自然業智　又稱為後得智，如量智、俗智、權智等，因為生於根本智以後，體現根本智的自然業用，所以稱為自然業智。㉙染心　即染汙有煩惱之心，此處特指根本業不相應染，即三細中的無明業相。㉚能見　六染心的第五「能見心不相應染」，也就是三細中的「能見相」。㉛能現　即六染心的第四「現色不相應染」，也就是「三細」的境界相。㉜妄取境界　即六染心的前三相應染：分別智相應染、不斷相應染、執相應染。這三種染心都是王、所別體，與境相應，依境而起，所以總稱為「妄取境界」。㉝違平等性　即違反如來藏無能所差別的平等屬性，所以會迷覆真理而不得正覺。

【語　譯】

依於無明熏習所生起的業識，不是凡夫所能了知的，也不是聲聞、緣覺二乘人智慧所能覺證的。菩薩從十信位的初發心階段就開始觀察此識，如果他後來證得法身，就能大略知之，但是，一直到究竟地菩薩，都不能完全徹了此識，只有佛才能窮盡明了。

什麼原因呢？因為如來藏心，從根本以來就是自性清淨的，而又有無明生起，為無明所染汙而有其染心，雖有染心而如來藏心體自性清淨常恆不變。這其中的義趣，只有佛才能了知。

如來藏心自性常寂靜無念，所以稱為「不變」，由於修行者未能通達無邊業識盡是不壞恆一一真法界，因此他的心與如來藏心就不能全體相應，他無法相應於含藏業識種子之清淨不生心，於是，雜染心生，即所謂忽然現起，這種情況，就叫做無明了。

所說的染心，共有六種，哪六種呢？

第一是「執相應染」。聲聞、緣覺二乘人可以解脫此染，「信相應地」菩薩能夠出離此染。

第二是「不斷相應染」。信相應地菩薩修習唯識觀，學習尋思方便觀，能夠逐漸出離此染，當達到淨心地的時候，就能完全出離此染。

第三是「分別智相應染」。具戒地菩薩能夠逐漸出離此染，一直到無相方便地，就能完全出離此染。

第四是「現色不相應染」。色自在地菩薩能夠出離此染。

第五是「能見心不相應染」。依心自在地菩薩能夠出離此染。

第六是「根本業不相應染」。菩薩盡地菩薩，當進入如來地的時候，就能夠出離此染。

不了知真如一法界義趣的人們，從信相應地開始觀察、修學、斷惑，進入淨心地以後，每入一地，就能出離一部分業染，一直到如來地，就能完全出離業染。

所謂「相應」之義，即心法、心所法不同，隨染還淨之心也有深淺之別，但能知的想心和所緣境相則是互相呼應的。所謂「不相應」之義，即不離如來藏心的不覺之性相，能緣之想心和所緣之境不相呼應。

所謂染心之義，名為煩惱礙，以其能夠障礙正智通達的真如根本解脫智的緣故。無明之義，名為智礙，以其能夠障礙世間自然業智的緣故。

這是什麼意思呢？這是說，依於染心之能見能現，虛妄地受取境界，這樣，就違失了真如正智的通達性、清淨性，乃至於平等性。一切諸法常寂靜不生，三界虛偽之種種起滅現前相，即是無明之不覺相，以無明不覺知本來寂靜故，因此也不能隨順業界之諸相，不能隨順世間一切境界之種種能知所知境相。

復次，分別生滅相者有二種，云何為二？

一者麤，與心相應❶故；二者細，與心不相應❷故。又麤中之麤❸，凡夫境界。麤中之細❹及細中之麤❺，菩薩境界。細中之細❻，是佛境界。

此二種生滅，依於無明熏習而有。所謂依因❼、依緣❽。依因者，不覺❾義故；依緣者，妄作境界❿義故。若因滅則緣滅。因滅故，不相應心⓫滅；緣滅故，相應心⓬滅。

問曰：若心滅者，云何相續？若相續者，云何說究竟滅？

答曰：所言「滅」者，唯心相滅，非心體滅。

如風依水而有動相。若水滅者，則風相斷絕，無所依止。以水不滅，風相相續。唯風滅故，動相隨滅，非是水滅。

無明亦爾，依心體而動，若心體滅，則眾生斷絕，無所依止。以體不滅，心得相續。唯癡⓭滅故，心相隨滅，非心智滅。

【章　旨】本段說明生滅相，即生滅心的生起還滅相，在前述九相六染中分別粗細。

【注　釋】❶與心相應　即生滅相有外境與心相應，此指六染心的前三染心：執相應染、不斷相應染、分別智相應染。❷與心不相應　此指六染心的後三種：現色不相應染、能見心不相應染、根本業不相應染。❸麤中之

麁　粗顯當中最粗顯的，此指六染心的「執相應染」，因為這種染心是三粗相的第一粗相，所以稱為粗中之粗。❹麁中之細　六染心的第二不斷相應染和第三分別智相應染，這兩種染心雖然是粗相，但被列為第二位和第三位，是粗相當中稍細者，所以稱為「粗中之細」。相當於五意中的智相續識、六粗中的智相、相續相。❺細中之麁　即六染心的第四「現色不相應染」和第五「能見心不相應染」。這兩種染心雖然都是細相，但在細相三染中被列為前兩位，屬於較粗相，所以稱為細中之粗。相當於五意中的轉識、現識，又相當於「三細」中的能見相和境界相。❻細中之細　六染心的第六「根本業不相應染」，因為這種染心能所不分，行相極細，在細相染心當中，是最細的，所以稱為「細中之細」，相當於五意中的業識和「三細」中的無明業相。❼依因　此指以根本無明為因。❽依緣　即以境界為緣。❾不覺　不能覺了一真法界，依「不覺」而有無明業相、能見相、境界相。依「不覺」而生三細不相應染：現色不相應染、能見心不相應染、根本業不相應染。❿妄作境界　妄作心外有境而生三粗相應染：執相應染、不斷相應染、分別智相應染。以境界為緣而生六種相：智相、相續相、執取相、計名字相、起業相、業繫苦相。⓫不相應心　即不相應三細染心：色不相應染、能見心不相應染、根本業不相應染。⓬相應心　相應三粗染心：執相應染、不斷相應染、分別智相應染。⓭癡　梵文Moha的意譯，無明的異名之一，三毒（貪、瞋、癡）之一，意謂愚昧無知，不明事理，由此造作惡業，引生煩惱。

【語譯】

其次，生滅之相可以分別為二種，哪二種呢？

第一是粗生滅相。因為外境就這樣直接與心相應；第二是細生滅相，外境與心並不直接相應。

並且，粗相中的粗相，是凡夫境界。粗相中的細相和細相中的粗相，是菩薩境界。細相中的細相，是佛境界。

這二種生滅之相，都是由於無明熏習真如而有，是依靠內因、外緣而產生。所說的「依靠內因」，即以無明為因，依其不覺之義而生三細不相應染。所謂「依靠外緣」，即以妄作境界為緣，而起三粗相應染。一旦內因斷滅了，則外緣也隨之斷滅；由於內因斷滅了，不相應三細染心也隨之斷滅，由於緣滅了，相應三粗染心也隨之斷滅。

有人問：假若相應心和不相應心都滅了，有情眾生又怎能自心相續呢？假若有情眾生可以自心相續，怎能說相應心和不相應心都斷滅了呢？

論主回答說：所說的「滅」，只是說心相滅，如來藏心自體並不斷滅。

如風一樣，只有因緣於水才能有動相。如果水斷滅了，則風吹波浪等等的動相也就斷絕了，因為沒有水作為因緣，風就不能做出動相。正因為水沒有斷滅，所以風做出的動相才能繼續。另一方面，一旦風滅除了，波浪等等的動相就隨之滅除，但並非水的自體斷滅。

無明也是這樣，因為依靠如來藏心自體，才顯出動相，假若如來藏心自體滅除了，則眾生的心、意、識就會隨之斷滅，因為沒有了依止。正因為如來藏心自體不會斷滅，所以不相應心和相應心都能相續不斷。只是因為無明滅除了，染心之愚癡所執就隨之滅除了，這並不是如來藏自體覺心的斷滅，也不是如來藏自體不覺染心的斷滅。

復次，有四種法❶，熏習義故，染法❷、淨法❸起不斷絕。云何為四？一者淨法，名為真如；二者一切染因❹，名為無明；三者妄心❺，名為業識❻；四者妄境界，所謂六塵。

熏習義者，如世間衣服，實無於香❼。若人以香而熏習故，則有香氣。此亦如是，真如淨法實無於染，但以無明而熏習故，則有染相。無明染法，實無淨業❽，但以真如而熏習故，則有淨用❾。

【章　旨】首先標明熏習體，有四種熏習：淨法、染因、妄心、妄境界。然後說明熏習義，真如與無明互熏。

【注　釋】❶四種法　即下文所說的淨法一種：真如，染法三種：無明、業識、六塵。❷染法　染汙之法的略稱，與淨法相對，意謂有煩惱，是由無明生起的三界所有一切事物。❸淨法　清淨之法的略稱，與染法相對，意謂沒有煩惱。真如自體本來就是清淨的，它能夠熏習無明，使之轉染成淨。❹染因　三細、六粗之染法都因無明而生起。❺妄心　即虛妄分別之心，此指六染心：執相應染、不斷相應染、分別智相應染、現色不相應染、能見心不相應染、根本業不相應染。❻業識　有情眾生輪迴流轉的根本識，即阿賴耶識。此處的「業識」還包括分別事識。❼香　六境之一，是鼻識所緣的外境，即氣味。❽淨業　清淨無染的善業，即無煩惱的身心活動。❾淨用　清淨無染的作用，使人修行做善業，消除煩惱。

【語　譯】

再者，有四種要素通過所云「熏習」之義趣，使有煩惱的染法和無煩惱的淨法生起而不斷絕。

哪四種要素呢？

第一是無煩惱的淨法，名為真如。

第二是一切有煩惱的染法之因，名為無明。

第三是虛妄分別之心，名為業識。

第四是虛妄境界，即六塵。

所云的「熏習」之義，如人世間的衣服，本來實際上是沒有香氣的，如果有人用香味進行熏覆，就會留下香味。

染法、淨法的相互熏習也是這樣，真如，這沒有煩惱的清淨之法，實際上沒有染汙，但由於無明的熏覆，就使之有了染相；無明的煩惱染法，實際上沒有清淨善業，但由於真如熏解，就使之有了無煩惱的清淨作用。

云何熏習起染法不斷？

所謂以依真如法故，有於無明。以有無明染法因故，即熏習真如。以熏習故，則有妄心❶。以有妄心，即熏習無明❷。不了真如法故，不覺念起，現妄境界。以有妄境界染法緣故，即熏習妄心❸，令其念著❹

造種種業，受於一切身心等苦。

此妄境界熏習❺義則有二種，云何為二？一者增長念熏習❻，二者增長取熏習❼。妄心熏習❽義則有二種，云何為二？一者業識根本熏習❾，能受阿羅漢❿、辟支佛⓫、一切菩薩生滅苦⓬故；二者增長分別事識熏習⓭，能受凡夫業繫苦⓮故。無明熏習⓯義有二種，云何為二？一者根本熏習⓰，以能成就業識義故；二者所起見愛熏習⓱，以能成就分別事識義故。

【章旨】染法熏習的根本特徵，是以染法為能熏，以淨法為所熏。妄境界、妄心、無明三種熏習，各有二種。

【注釋】❶妄心　即虛妄分別之心，此處特指業識（又稱為根本識或阿賴耶識）的妄心。❷熏習無明　阿賴耶識的妄心資熏或資助無明。❸熏習妄心　此指虛妄境界資熏虛妄分別之心。❹念著　「念」是念念不忘，「著」

是執著，包括法執和我執。「法執」是主張有客觀實存的各種事物，「我執」是主張實存主宰人體的靈魂。❺妄境界熏習　四熏習之一，和無明熏習、妄心熏習都為染法熏習。妄境界六塵都是事識所緣之境，其義又有增長念熏習與增長取熏習。這種妄境界還熏動妄心而增長法執和我執，再造種種業，受身心之苦。❻增長念熏習　由於虛妄境界的熏習力，不斷增長分別事識中的智相和相續相，使妄心生起，執著心外有法，以成分別法執。❼增長取熏習　由於虛妄境界的熏習力，不斷增長分別事識中的執取相和計名字相，使妄心生起，不斷執取我和我所。❽妄心熏習　「妄心」即業識和分別事識。以此妄心返熏無明，轉而現起妄境界。這種妄心又分為業識根本熏習和增長分別事識熏習二種。前者能受阿羅漢、辟支佛、一切菩薩之生滅苦，後者能受凡夫業繫苦。❾業識根本熏習　「業識」即阿賴耶識，「根本」即根本無明。「業識根本熏習」就是業識的妄心受根本無明的熏習，使聲聞、緣覺、菩薩三乘聖人受變易的細苦。❿阿羅漢　梵文Arhat的音譯，另譯阿羅訶，略稱為羅漢。小乘佛教修行的最高果位，所以又稱為無極果、無學果，是斷盡三界見、修二惑所達到的果位，已至修學頂點。有三義：一、殺賊，殺盡一切煩惱之賊；二、應供，應受天神和人類的供養；三、不生或無生，永遠進入涅槃，不再生死輪迴。⓫辟支佛　梵文Pratyekabuddha的音譯，另譯辟支迦佛陀等，意譯緣覺、獨覺等，與聲聞、菩薩合稱三乘，出生於無佛之世，由於觀悟十二因緣之理而得道者。⓬生滅苦　此指變易生死之苦惱。三乘聖人不再受生於三界內的分段身，而是受生於三界外的變易身，以微細的生滅為變易生死。⓭增長分別事識熏習　「分別事識」是意識的別名，略稱為事識。《大乘起信論》把眼、耳、鼻、舌、身、意六識總稱為意識，能對過去、現在、未來三世之境及內根外塵等種種事相，起分別認識作用，所以稱為分別事識。「增長分別事識熏習」是粗的妄心受枝末無明的熏習，能使凡夫受分段生死之苦。⓮業繫苦　眾生的行為，就像繩索一樣繫縛眾生，使之受分段生死的粗苦。三界有情眾生所感生死果報，各有類別、形貌、壽量等的限度和差別，所以稱為分段生死。⓯無明熏習　眾生有無始無明，不斷熏習真如，產生妄心。無明熏習分為根本熏習和所起見愛熏習二種，前者能成就業識，後者能成就分別事識。⓰根本熏習　根本無明熏習真如，產生「業」等諸識。⓱所起見愛熏習枝末無明熏習心體，產生分別事識。「見」是屬於外道的錯誤見解，「愛」是貪愛、欲愛。此處的見、愛是指見、愛煩惱。

【語　譯】

為什麼熏習能夠生起染法不斷呢？

所謂依真如法體，就有無明生起，因為有無明為染法之因，所以就能熏覆真如。因為有無明熏覆真如，就會產生虛妄分別之心，因為有妄心，就能熏習無明。

因為不了達真如法體，就有不覺的妄念生起，變現出虛妄境界。因為有了虛妄境界為染法之緣由，就能熏習妄心，使其思念使其愛著，造作各種各樣的業，遭受一切身心的生死苦惱。

這種虛妄境界熏習虛妄分別心的含義有二種。哪二種呢？

第一是增長思念熏習，第二是增長愛取熏習。

虛妄分別心反過來熏習無明的含義也有二種。哪二種呢？

第一是業識根本熏習，能使阿羅漢、辟支佛和一切菩薩受生滅變易生死之細苦；第二是增長分別事識熏習，能使凡夫俗子隨業繫縛，受分段生死粗苦。

無明熏習真如的含義也有二種。哪二種呢？

第一是根本熏習，因為能夠成就業識之義；第二是所起見愛熏習，因為能夠成就分別事識之義。

云何熏習起淨法不斷？

所謂以有真如法故，能熏習無明。以熏習因緣力故，則令妄心厭生死苦，樂求涅槃。以此妄心有厭求因緣故，即熏習真如，自信己性。

知心妄動，無前境界。修遠離法，以如實知無前境界故，種種方便，起隨順行，不取不念❶。乃至久遠熏習力故，無明則滅。

以無明滅故，心無有起。以無起故，境界隨滅。以因緣俱滅故，心相皆盡，名得涅槃，成自然業❷。

妄心熏習義有二種，云何為二？

一者分別事識熏習❸。依諸凡夫二乘人等，厭生死苦，隨力所能，以漸趣向無上道故；二者意熏習❹。謂諸菩薩發心勇猛，速趣涅槃故。

真如熏習❺義有二種，云何為二？

一者自體相熏習❻，二者用熏習❼。自體相熏習者，從無始世來具無漏法，備有不思議業，作境界之性，依此二義恆常熏習。以有力故，能令眾生厭生死苦，樂求涅槃。自信己身有真如法，發心修行。

問曰：若如是義者，一切眾生悉有真如，等皆熏習。云何有信無信，無量前後差別？皆應一時自知有真如法，勤修方便，等入涅槃。

答曰：真如本一，而有無量無邊無明，從本已來，自性差別，厚薄不同故。過恆沙等上煩惱，依無明起差別。我見[8]愛染[9]煩惱，依無明起差別。如是一切煩惱，依於無明所起，前後無量差別，唯如來[10]能知故。

又，諸佛法有因有緣，因緣具足，乃得成辦。如木中火性，是火正因，若無人知，不假方便，能自燒木，無有是處。眾生亦爾，雖有正因[11]熏習之力，若不值遇諸佛菩薩善知識等以之為緣，能自斷煩惱入涅槃者，則無是處。

若雖有外緣之力，而內淨法未有熏習力者，亦不能究竟厭生死苦樂求涅槃。若因緣具足者，所謂自有熏習之力，又為諸佛菩薩等慈悲願護故，能起厭苦之心，信有涅槃，修習善根。

以修善根成熟故，則值諸佛菩薩示教利喜[12]，乃能進趣向涅槃道。

用熏習者，即是眾生外緣之力。如是外緣有無量義，略說二種，云何為二？

一者差別緣[13]，二者平等緣[14]。差別緣者，此人依於諸佛菩薩等，從初發意始求道時，乃至得佛，於中若見若念。或為眷屬、父母、諸親，或為給使，或為知友，或為怨家，或起四攝[15]，乃至一切所作無量行緣，以起大悲熏習之力，能令眾生增長善根，若見若聞得利益故。

此緣有二種，云何為二？

一者近緣[16]，速得度故；二者遠緣[17]，久遠得度故。

是近遠二緣，分別復有二種，云何為二？

一者增長行緣[18]，二者受道緣[19]。

平等緣者，一切諸佛菩薩，皆願度脫一切眾生，自然熏習恆常不捨，以同體智力[20]故，隨應見聞而現作業。所謂眾生依於三昧[21]，乃得平等見諸佛故。

此體用熏習，分別復有二種，云何為二？

一者未相應[22]，謂凡夫、二乘、初發意菩薩等，以意、意識熏習，依信力故而能修行。未得無分別心[23]，與體相應故；未得自在業修行，與用相應故。二者已相應[24]。謂法身菩薩，得無分別心，與諸佛智用相應，唯依法力[25]自然修行，熏習真如滅無明故。

復次，染法從無始已來，熏習不斷，乃至得佛後則有斷。淨法熏習則無有斷，盡於未來。

此義云何？以真如法常熏習故，妄心則滅，法身顯現，起用熏習，故無有斷。

【章　旨】淨法熏習分為妄心熏習和真如熏習，妄心熏習分為分別事識熏習和意熏習。真如熏習分為自體相熏習和用熏習。用熏習有二緣：差別緣和平等緣。差別緣有二種：增長行緣和受道緣。差別緣是事識熏習，其機為凡夫、二乘和十信位菩薩，其緣為三賢和種種相示現的諸佛。平等緣是意熏習，其機為三賢位以上的菩薩，其緣為初地菩薩乃至唯佛身示現的諸佛。

【注　釋】❶不念　已經遠離計名字相和言說相，能念不生。❷自然業　佛所成就的不待造作隨順眾生的有為業。❸分別事識熏習　凡夫及小乘佛教的聲聞、緣覺二乘人，不認識阿賴耶本識，不懂得唯識無境的道理，執著外境實有，於分別事識之中，厭離生死苦，發心求無上之道。❹意熏習　三賢、十地菩薩，了知諸法唯識之理，於五意中勇猛修行，捨除事識的計量分別，迅速趣向涅槃。❺真如熏習　相信自己本身具有真如法，可以熏習無明，以此熏習為因緣，使妄心厭離生死之苦，欣求涅槃之樂。分為自體相熏習和用熏習兩種。❻自體相熏習　真如自體本來就具足無漏法，有不可思議的業用，成為智境界之性，經常熏習眾生之心，使眾生厭離生死，信求涅槃，相信自己具有真如性，發菩提心修行。❼用熏習　由於各位佛和菩薩的外熏力，使有情眾生增長善根。❽我見　梵文Ātmadṛṣṭi的意譯，即主張有我及我所的見解，包括人我見、法我見二種。「人我見」是妄執五蘊虛假和合的身心為實我。「法我見」是妄執一切事物都具有實在體性。❾愛染　由於對各種事物的貪愛，所引起的執著染汙之心，稱為愛染。此處特指對「我」的愛著。❿如來　梵文Tathāgata的意譯，音譯多陀阿伽陀，佛的十號之一，「如」即如實、真如之義，也就是佛所說的絕對真理，佛循此真如得到覺悟，所以稱為如來。⓫正因　即內因，是真如正因的內熏之力，外緣是佛、菩薩、善知識的教育和引導，由此走上成佛之道。⓬利喜　利益和歡喜的合稱。⓭差別緣　佛為了教化眾生，隨順眾生的根機，顯示各種不同的外相。⓮平等緣　佛為了教化菩薩，只示現佛身。⓯四攝　梵文Catursaṅgrahavastu的意譯，又稱為四攝事、四攝法、四種把握法等。往往略稱為四攝、四事、四法等。具體如下：㈠布施攝。根據有情眾生的需要，向其施財或施法；㈡愛語攝。根據眾生的根性，善言慰喻，令起愛心，依附菩薩，接受佛道；㈢利行攝。以身、口、意三行，利益眾生，使之生親愛之心，接受佛道；㈣同事攝。親近眾生，同其苦樂。以法眼見眾生根性，隨其所樂，示現其形，同作一事，隨機教化。⑯近緣　根機成熟者，迅速化度。⑰遠緣　根機未成熟者，需經久遠時間，方可得度。⑱增長行緣　真如無漏智以前的方便行。佛或菩薩現身說法，使未相信佛法的眾生相信，使已信者的德行有所增長。⑲受道緣　佛或菩薩現身說法，由行道而證道，發生真如無漏智的正觀。⑳同體智力　佛或菩薩與眾生的同一智慧本體之力。㉑三昧　梵文Samādhi的音譯，另譯三摩提、三摩帝等，意謂定、等持等，將心定於一境的安祥狀態。㉒未相應　與「已相應」相對，修行者之心未與真如自體、業用相互熏習，或修行者未與諸佛自體、業用相應。㉓無分別心　又稱為無分別智(Nirvikalpajñāna)，菩薩入初地見道後，緣真如，斷離能取與所取之間的差別，達到境智冥合，平等而無差別。遠離名相概念等虛妄分別的世俗認識，如實認知真如而無分別。㉔已相應　初地以上的法身菩薩，已經斷絕無明，已經證得無分別智，和真如法身之體相應，又和後得智的自在及報、化二身的智用相應。㉕法力　佛法的威力、正法之力，稱為法力。

【語譯】

為什麼熏習能夠使淨法生起而不斷滅呢？

因為真如法體，能夠熏習無明，由於真如熏習無明的因緣之力，就會使妄心厭離生死之苦，樂意求得涅槃。因為這妄心有厭離生死苦、求取涅槃的緣故，所以就熏解真如之無明障覆，自己生起真如本性之正信。

了知一切境界莫不由於無明不覺妄動而有，於此之前，根本就不存在這一切境界。修習出離妄見的觀法，以能如實了知沒有眼前一切境相，加以種種方便法門，生起隨順真如的正修行，達到無所取著、妄念不生的程度，由於長久熏習力的緣故，無明就滅除了。

能夠滅除無明，那麼，妄心剎那不起，以妄心剎那不起，境界則剎那寂滅。由於染因無明和染緣境界都滅除了，心相也都隨之滅盡，這就稱為獲得涅槃，成就自在不可思議的業用。

妄心熏習之義有二種。哪二種呢？

第一、分別事識熏習。因為各個凡夫眾生及二乘人等，厭生死之苦，隨順自己的能力，逐漸趨向無上菩提道；第二、意熏習。因為各位菩薩發菩提心，都要迅速趨向涅槃。

真如熏習義也有二種。哪二種呢？

第一、自體相熏習。第二、用熏習。所謂「自體相熏習」，即一切眾生，從無始以來，先天具有無漏清淨真如法，又具備有不可思議的業用，作為境界的體性，這兩種作用力使得一切眾生經常不斷地熏習。因為這種熏習非常有力，能使眾生厭離生死之苦，樂意求得涅槃，自己相信自己本身有真如法體，從而發心修行。

有人問：如果是這樣的意思，一切有情眾生都有真如，都能平等地接受熏習，為什麼會有人相信佛法，有人不信，有人先信，有人後信，這無量差別，從何而起呢？有情眾生不都應當同時自知有真如法體，勤懇地修行方便法門，齊一地進入涅槃嗎？

論主回答說：真如本來是平等唯一，但同時又具有無量無邊的業識無明。從本以來，其無明自性千差萬別，厚薄不同。比恆河沙還要多的煩惱，依靠無明，生起差別。我見煩惱和愛染煩惱，也依靠無明，生起差別。如此看來，一切煩惱，都是因為無明，生起對佛法先信、後信等無量差別，只有如來佛才知道這個事情。

而且，各種佛法，有內因，也有外部輔助條件，內因和外部輔助條件具足，才能辦成道果。

就像木頭中的火性一樣，它是燃燒的內因，假若有人不了解這個事情，不假借權巧方便手段點火，而木頭居然自己燃燒起來，這是不可能的。有情眾生也是這樣，雖然有作為內因的真如熏習之力，假若不遇到諸佛、菩薩、善知識等的教誨，作為輔助條件，而單靠自己，就能斷除煩惱，進入涅槃，這也是不真實的。

假若雖然有外部的輔助條件之力，而沒有內部淨法真如的熏解之力，也不能使有情眾生厭離生死之苦，樂意求得涅槃。假若內因和外部條件都具足了，如前文所說的自己本身就有真如熏習之力，又為諸佛、菩薩等大慈大悲的願力所護持，就能使眾生起厭苦之心，相信有涅槃，而修習善根。得到善根成熟了，就能遇到諸佛和菩薩的教誨，使其得到利益和歡喜，才能進一步趣向涅槃之道。

所謂用熏習，就是眾生接受佛和菩薩的外緣之力，這種外緣之力有無量義趣，簡略來說有二種，哪二種呢？

第一是差別緣，第二是平等緣。

所謂差別緣，某些修行人依靠諸佛、菩薩等，從最初發心求道時開始，一直到成就佛果，在這期間，或時而親見諸佛菩薩之身，或時而懷念其種種功德，佛菩薩或者示現為修行者的家屬、父母及其他親人，或者示現為修行者的奴僕，或者示現為修行者的知友，或者示現為修行者的怨家對頭，或作有施等四攝之法，乃至造作一切應作的菩提行緣，這樣來使眾生自心生起大悲的熏習之力，能使有情眾生增長善根，就像親自見到佛菩薩，親自聽聞說法一樣，得到了成道之利益。

這種差別緣分為二種，哪二種呢？

第一是近緣，因能迅速得度。第二是遠緣，經過長久時間才能得度。

這近、遠二種緣，又分別分為二種。哪二種呢？

第一是增長行緣，第二是受道緣。

所謂平等緣，即各位佛和菩薩，都誓願度脫一切眾生，都自然而然地熏習眾生，永遠不捨棄眾生。因佛與眾生同一智慧本體之力，隨順眾生的所見所聞，而示現不可思議的作業，使有情眾生依於禪定，都能平等地見到諸佛。

這自體相熏習和用熏習，又分別分為二種。哪二種呢？

第一是未相應。凡夫眾生、二乘人和最初發心的菩薩等，用意和意識進行熏習。依靠信賴真如之力而修行，由於尚未得到無分別智而不能與佛的真如法體相應，更還沒有得到自在業行，與佛的報、化二身廣大妙用相應。第二是已相應。即法身菩薩，已得無分別智，已與諸佛的智用相應，從此依著自心真如法力自然修行，熏習真如之無明障覆，並滅除無明。

並且，染法熏習從無始以來，熏習力從來就不斷絕，一直到成佛，然後才能斷滅。而真如淨法之熏習力則永遠不曾斷絕，盡於未來際。

這是什麼意思呢？因為真如淨法經常熏習，才使虛妄之心滅除，使佛的法身顯現出來，發生熏解力於無明，所以絕不可能有任何間斷的時候的。

復次，真如自體相者，一切凡夫、聲聞、緣覺、菩薩、諸佛，無有增減。非前際生，非後際滅，畢竟常恆。從本已來，性自滿足一切功德。所謂自體有大智慧光明義故，遍照法界義故。真實識知義故，自性清淨心義故，常樂我淨❶義故。清涼不變自在❷義故。具足如是過於恆沙，不離不斷不異不思議佛法，乃至滿足無有所少義故，名為如來藏，亦名如來法身。

問曰：上說真如其體平等，離一切相，云何復說體有如是種種功德？

答曰：雖實有此諸功德義，而無差別之相。等同一味，唯一真如。此義云何？以無分別，離分別相，是故無二❸。

復以何義得說差別？

以依業識生滅相示。

此云何示？

以一切法本來唯心❹，實無於念。而有妄心，不覺起念，見諸境界，故說無明。心性❺不起，即是大智慧光明義故。若心起見❻，則有不見之相。心性離見，即是遍照法界義故。若心有動，非真識知，無有自性，非常、非樂、非我、非淨，熱惱、衰變，則不自在，乃至具有過恆沙等妄染之義。

對此義故，心性無動，則有過恆沙等諸淨功德相義示現。若心有起，更見前法可念者，則有所少。如是淨法無量功德，即是一心，更無所念，是故滿足，名為法身如來之藏。

復次，真如用者，所謂諸佛如來，本在因地，發大慈悲，修諸波羅蜜❼，攝化眾生。立大誓願，盡欲度脫等眾生界❽。亦不限劫❾數，盡於未來，以取一切眾生如己身故，而亦不取眾生相。

此以何義？謂如實知一切眾生及與己身，真如平等無別異故，以有如是大方便智❿，除滅無明，見本法身，自然而有不思議業種種之用。即與真如等，遍一切處，又亦無有用相可得。

何以故？謂諸佛如來，唯是法身智相之身。第一義諦[11]，無有世諦[12]境界，離於施作，但隨眾生見聞得益，故說為用。

此用有二種，云何為二？

一者依分別事識，凡夫、二乘心所見者，名為應身[13]。以不知轉識[14]現故，見從外來，取色分齊，不能盡知故。

二者依於業識，謂諸菩薩從初發意，乃至菩薩究竟地[15]心所見者，名為報身[16]。身有無量色，色有無量相，相有無量好，所住依果[17]亦有無量。種種莊嚴，隨所示現，即無有邊，不可窮盡，離分齊相。隨其所應，常能住持，不毀不失。

如是功德，皆因諸波羅蜜[18]等無漏行熏，及不思議熏之所成就，具足無量樂相，故說為報身。又為凡夫所見者，是其麁色。隨於六道[19]各見不同，種種異類，非受樂相，故說為應身。

復次，初發意菩薩等所見者，以深信真如法故，少分而見。知彼色相莊嚴等事，無來無去，離於分齊，唯依心現，不離真如。然此菩薩猶自分別，以未入法身位故。若得淨心⑳，所見微妙，其用轉勝，乃至菩薩地盡，見之究竟。

若離業識，則無見相，以諸佛法身，無有彼此色相迭相見故。

問曰：若諸佛法身離於色相者，云何能現色相？

答曰：即此法身是色體故，能現於色，所謂從本已來，色心不二。以色性即智故，色體無形，說名智身。以智性即色故，說名法身遍一切處。所現之色，無有分齊，隨心能示十方世界㉑。無量菩薩，無量報身，無量莊嚴，各各差別，皆無分齊，而不相妨。

此非心識分別能知，以真如自在用義故。

【章　旨】本段說明真如的體、相、用三大。「體大」是說真如本體之大，「相大」是說真如的德相大，「用大」是真如顯現佛的報、化二身之妙用大。

【注　釋】❶常樂我淨　涅槃四德，即涅槃的四種屬性，此指真如的四種屬性。「常」意謂永恆，過去、現在、未來三世不變。「樂」即無苦。「我」為自由自在。「淨」為無染汙煩惱。❷清涼不變自在　「清涼」是說真如自體永離熱惱。「不變」是無生滅變化。「自在」是說真如沒有業的繫縛。❸無二　真如的體和相，沒有能分別心，也沒有所分別相。❹唯心　梵文Cittamātra的意譯，宇宙萬有都是由「心」變現的，都是假有幻有，都是空。❺心性　梵文Cittaprakṛti的意譯，即心的屬性。有的是染汙的有煩惱的，有的是清淨的沒有煩惱的。❻見　梵文Dṛṣṭi的意譯，違背佛教義理的錯誤見解。❼波羅蜜　梵文Pāramitā的音譯波羅蜜多之略，意譯為度、到彼岸。即由生死此岸到達涅槃彼岸。❽等眾生界　即一切有情眾生。❾劫　梵文Kalpa的音譯劫波之略，意謂極其久遠的時節。❿方便智　二智之一，又稱為權智，與實智相對，即佛教修行中的權巧方便智慧。⓫第一義諦　又稱為真諦，與俗諦相對，是對佛教聖人所講的真理。⓬世諦　又稱為俗諦，是對俗人所講的真理。⓭應身　又稱為化身，佛的三身（法身、報身、應身）之一，是佛為度脫世間眾生所現之身。⓮轉識　即轉變之識，識能轉現為一切世間境界。⓯菩薩究竟地　菩薩修行十個階位的最後一地法雲地。⓰報身　佛的三身之一，以法身為因，經過修行所獲得的佛果之身。⓱依果　即依報，眾生身心所依止的身外諸物。⓲諸波羅蜜　即六波羅蜜，也就是六度：布施、持戒、忍辱、精進、禪定、般若。⓳六道　眾生六種轉生形式：天、人、阿修羅、畜生、餓鬼、地獄。⓴淨心　菩薩修行十地的第二地「離垢地」，又稱為無垢地，遠離犯戒煩惱，使身心無垢清淨。㉑十方世界　「十方」即東、西、南、北、東南、東北、西南、西北、上、下，這十方都是有情世界，所以稱為十方世界。

【語譯】

其次，關於真如的自體和自相問題。真如的自體，對一切凡夫眾生、聲聞、緣覺、菩薩、諸佛來說，誰也不會增多，誰也不會減少，它不是發生於前世，也不是滅除於後世，它是畢竟常恆不變的。真如的自體相，從本以來，本性就自己充滿了一切功德。

真如的自體，有破滅無明迷暗的大智慧光明，普遍覺照法界之義，有如實了知諸法之義，有出離惑染的自性清淨心之義，有永恆、無苦、自在、無煩惱之義，有無熱惱、無生滅、自在之義。

真如充滿超過恆河沙的無量功德，不離一切諸法，不斷一切諸法，而自性亦不變異，是不可思議之佛法，乃至具足圓滿無所缺少，因此在因位稱為如來藏，在果位稱為如來法身。

有人問：這樣說明離言真如的時候，其體平等，遠離一切差別之相，為什麼又說真如之體具有如此種種功德呢？

論主回答說：真如雖然實際上具有如此種種功德義趣，而真如自身卻無差別之相，它等同一味，是唯一真如。

這是什麼意思呢？因為真如自體本來就是沒有分別的，是出離分別相的，所以說名無二。那麼，是什麼義趣之下，我們又說了種種差別之相呢？

因為真如依著它的業識生滅心，顯示出種種外相。

它是怎麼樣顯示的呢？

一切事物本來就是真如一心的，實在沒有名言分別的妄念，由於妄心不覺而起念，於是見著各種境界，所以我們就說，這正是無明。如果虛妄分別心不生不起，這就是大智慧光明之義。若妄心生起見著，那麼就必定有它看不見的真如清淨相。假若心的妄心自性能離妄見，就是真如自體普遍覺照法界之義。

假若心有動念，就不是真實的了知，這種妄念是沒有自性的，不是恆一的，不能無苦的，不是自主自在的，不是清淨無煩惱的，並且一定出現熱惱和生、老、病、死等衰敗與變遷，這樣就會很不自在，乃至具有其他衍生的，比恆河沙還要多的虛妄分別和染汙之義。

相對這些虛妄含義，如果真如心自體性不動不起，就有比恆河沙還要多的清淨功德之相之趣而現前（實修實證者謂之大用現前而無現前之量）。假若只能是妄心起動，這即是不覺，依不覺之義，不覺之所覺範域，實有所限，它不但無知於真如自性之大用清淨相，更復難以保存自己之前時所知之廣大可會之境。如此看來，真如清淨法中無量功德，總是一眾生心，當它能夠覺悟不動不起念，才能滿足一切所念，由於此一眾生心之功德圓滿具足，就稱為法身如來藏。

其次，關於真如用大，就是諸佛如來於本來所在之修行的地位上，發大慈悲，修行六度，攝受教化眾生，立大誓願，想要度脫一切眾生於平等界，也不限劫數，盡於未來之世，因為所攝受之一切眾生無異於自己之身，因此也就清淨不取眾生之相。

這是什麼道理呢？就是如實了知一切眾生與自己之身，其真如是平等的，是沒有差異的，由於有這樣的大方便智慧，滅除無明，現前得見本來具有的真如法身，自然而然地具有種種不可思議的業用，與真如平等，普遍存在於一切處所，而沒有顯示作用之境相。

為什麼呢？因為諸佛如來，唯是法身和清淨智相之身，是唯一真諦，捨棄俗諦境界，出離一切境界事物的施設和造作，只是隨順眾生之機緣，使之見聞，給與利益。因此說，這是用大。

真如的大用有二種，哪二種呢？

第一是分別事識。凡夫眾生和二乘人所見的，稱為應身，這是由於人們不了知佛身是轉識所顯現，認為是從心外而來，就執取如同色相之有區別和界限之境界，於是就不可能具有完全的了解。

第二是依於業識。即是諸菩薩從最初發心，一直到菩薩修行的究竟地者，其心所見者，名為報身，報身有無量色身，每一色身具有無量境相，每一形相具有無量美好，諸菩薩已達修行究竟地者，以其果位即是佛地，因此，其所住的依報國土亦無量，種種的莊嚴，隨順一切眾生所示現，無有邊際，不可窮盡，遠離一切分別和界限之境相。隨順眾生的感應，經常有佛力住持，不毀壞，不喪失。

這樣的功德，都是因為諸波羅蜜多等無漏清淨行之熏習，和不可思議的熏解力所成就，具足無量身心安樂之相狀，所以稱為報身。

至於那些可以被凡夫眾生所見到的佛身，是其粗顯的色相，相應於不同的六道眾生，所見各不相同，有種種不同的形類，都不是清淨安樂之相，因而稱為應身。

再者，最初發心的菩薩等所見到的佛身，因為深信真如教法，能夠見及少微佛身，知道這種佛身的色相莊嚴等等，是沒有來也沒有去，遠離分別和界限，唯依眾生心所顯現，但永遠不離清淨真如。然而，此類菩薩仍有自己的虛妄分別，因為還沒有進入法身之位，如果已入淨心地，所見之相會更加微妙，其作用也由劣轉勝，一直到菩薩地盡，所見即達究竟。

然而，假若捨離業識，就沒任何有可見之相了，因為諸佛法身，沒有彼此顯示之相和更迭之相而可見。

有人問：假若諸佛的法身離於色相，為什麼又能夠顯現色相呢？

論主回答說：此法身就是色之自體，當然能夠顯現色相，所謂從根本以來，色相和真如心就不是兩個事物。

由於色的究竟自性就是本覺智慧，色之究竟自性既無形礙，因此稱為智身。而本覺智慧即是色自體，因此稱為法身，它遍一切處。

法身所顯現的色，不受區別和界限，能夠隨心示現十方世界，無量菩薩，無量報身，無數的美好裝飾，表現出種種不同，沒有高下和界限，互不妨礙。

這卻非不覺的心識之虛妄分別所能了知的，因為這是心真如體用自在之義趣之所落實。

復次，顯示從生滅門即入真如門。

所謂推求五陰❶，色❷之與心❸，六塵境界，畢竟無念。以心無形相，十方求之終不可得。如人迷故，謂東為西，方實不轉。眾生亦爾，無明迷故，謂心為念，心實不動。

若能觀察知心無念，即得隨順入真如門故。

【章旨】從生滅門進入真如門，妄即真，生滅即真如。

【注釋】❶五陰　即五蘊(Pañcaskandha)，又稱為五眾，三科之一，「陰」意謂積聚、類別。五陰如下：色、受、想、行、識。❷色　梵文Rūpa的意譯，相當於物質現象，有變壞、質礙等義，作為五蘊之一的色蘊，包括眼、耳、鼻、舌、身五根和色、聲、香、味、觸五境，以及無表色。❸心　即心法，是五蘊中的受、想、行、識四蘊。

【語譯】

然後說明從心生滅門進入心真如門。

仔細推究起來，五蘊和六塵，林林總總的色法和心法之一切變現在前，一切念與一切所執，畢竟空無自性可得，以心本來清淨無形相，廓落通達，這樣，我們站在任何一方來講究於它，畢竟還是錯誤的。就好像一個不明白什麼叫做「方向」的人，一再更改他所認定的東方為西方，而真正的空間方向，則從來沒有動過，就只見這個人一直更改著他的認定，眾生也就是如此，「無明」使他迷惑了，他也就一直認定了念相，而本來清淨無念相的心自體，卻從來不曾變動過它的清淨無念相亦無他相。

這樣，若能解脫於無明，即能了知一切心念之無念清淨自體相，這就是所謂的入真如門了。

對治邪執者，一切邪執，皆依我見❶。若離於我，則無邪執。是我見有二種，云何為二？

一者人我見❷，二者法我見❸。

人我見者，依諸凡夫說有五種，云何為五？

一者聞修多羅說：如來法身，畢竟寂寞❹，猶如虛空❺。以不知為破著故，即謂虛空是如來性。云何對治？明虛空相是其妄法❻，體無不實。以對色故有，是可見相，令心生滅。以一切色法，本來是心，實無外色❼。若無色者，則無虛空之相。所謂一切境界，唯心妄起故有。若心離於妄動，則一切境界滅，唯一真心無所不遍。此謂如來廣大性智究竟之義，非如虛空相故。

二者聞修多羅說：世間諸法畢竟體空，乃至涅槃真如之法亦畢竟空，從本已來自空，離一切相。以不知為破著故，即謂真如涅槃之性唯是其空。云何對治？明真如法身自體不空，具足無量性功德❽故。

三者聞修多羅說：如來之藏無有增減，體備一切功德之法。以不解故，即謂如來之藏有色心法自相差別。云何對治？以唯依真如義說故，因生滅染義示現說差別故。

四者聞修多羅說：一切世間生死染法，皆依如來藏而有，一切諸法不離真如。以不解故，謂如來藏自體具有一切世間生死等法。云何對治？

以如來藏從本已來，唯有過恆沙等諸淨功德，不離不斷，不異真如義故。以過恆沙等煩惱染法，唯是妄有，性自本無，從無始世來未曾與如來藏相應故。若如來藏體有妄法，而使證會永息妄者，則無是處故。

五者聞修多羅說：依如來藏故有生死，依如來藏故得涅槃。以不解故，謂眾生有始。以見始故，復謂如來所得涅槃有其終盡，還作眾生。云何對治？以如來藏無前際故，無明之相亦無有始。若說三界外更有眾生始起者，即是外道❾經說。又，如來藏無有後際，諸佛所得涅槃與之相應，則無後際故。

法我見者，依二乘鈍根❿故，如來但為說人無我。以說不究竟，見有五陰生滅之法，怖畏生死，妄取涅槃。云何對治？以五陰法自性不生⓫，則無有滅，本來涅槃故。

復次，究竟離妄執者，當知染法、淨法皆悉相待⓬，無有自相可說。是故一切法從本已來，非色非心，非智非識，非有非無，畢竟不可說相。

而有言說者，當知如來善巧方便，假以言說引導眾生。其旨趣者皆為離念歸於真如，以念一切法令心生滅，不入實智⓭故。

【章旨】破除錯誤的見解，就是要破除人我見和法我見。此中所說的「人我見」是指初學大乘佛教人的錯誤見解，分為五種。此中「法我見」是指小乘佛教聲聞、緣覺二乘人的錯誤見解。把錯誤的見破盡，終歸真如。此時的境界不可說，所說的不過是方便善巧而已。

【注釋】❶我見　梵文Satkāya-darśaṇa的意譯，另譯身見，音譯薩迦耶見，即主張有「我」（靈魂）的見解。❷人我見　佛教認為，人身是由色、受、想、行、識五蘊和合而成，是假有，是幻有。一般人卻認為是實有，這就是人我見。❸法我見　又稱為法我執或法執，佛教認為，宇宙萬有是因緣和合而成，沒有自性，是假有，是幻有，是空。一般人卻認為是實有，這就是法我執。❹寂寞　與寂滅同義，「寂」為寂然不動，「寞」為寞而無物，是一切皆無皆空之義。❺虛空　梵文Ākāśa的意譯，「虛」為虛無，「空」為無障。以虛空比喻無邊無際、無窮無盡、不需因緣、常恆不變等義。❻妄法　一般人普遍認為實有的事物，佛教認為是虛妄不實，故稱「妄法」。❼外色　《大乘起信論》認為，一切色法都是心（阿賴耶識）變現的，不存在心外之色法。❽具足無量性功德　真如自性具有無量功德，如前文所說的「大智慧光明」、「遍照法界」、「真實識知」、「自性清淨」、「常樂我淨」、「清涼不變自在」等。❾外道　佛教把除自己之外的宗教哲學派別稱為外道，意謂其心不在佛道。外道種類說法不一，主要指釋迦牟尼在世時的六師外道和九十六種外道。❿鈍根　梵文Mṛdu-indriya的意譯，又稱為鈍機，與利根相對，佛教對接受佛道遲鈍之有情眾生的貶稱。⓫不生　佛教否認「生」，因為「生」意謂有，《中論》的一個偈頌說：「諸法不自生，亦不從他生，不共不無因，是故知無生。」意思是說：一切事物不是自己生，也不是從其他事物產生，也不是無因而生，所以沒有「生」。一般人所說的「生」是虛假的，其本性是不生。⓬相待　佛教認為一切事物都是相互對待而成立，如大是相待小而成立，小是相待大而成立，染法相待淨法而成立，淨法相待染法而成立。其結論是：一切事物皆無自性，所以是空。⓭實智　即如實之智、真實之智，是會歸真如的智慧，與權智相對。

【語　譯】

所說的解除不符合佛教義理的邪執問題，一切邪執，都是由於我見，假若脫離我見，就不會有邪執了。這種我見共有二種，哪二種呢？

第一是人我見，第二是法我見。

所謂人我見，就凡夫眾生來說，共有五種，哪五種呢？

第一、有人聽聞佛經說：如來佛的法身，畢竟是寂滅清淨，就像虛空一樣。凡夫眾生不懂得這種說明乃是為了破除執著，於是誤認為虛空是如來佛的體性。如何對治呢？說明虛空相是依真如而起的虛妄不實染法，其體本無，並非實有，只是相對於色等有礙之相而建立虛空之說，這種虛空是可見之相，能使眾生心有生滅變化。因為一切色法，從根本上來講，只是一心之顯現，實際上沒有心外之色，既沒有色，因之亦無所謂虛空之相。所以說一切顯現之事物，只是由於眾生心的虛妄分別而生起，由此而說有。假若心沒有妄念起動，則一切顯現之事物就會滅除，只有一個真心，無處不有。這就是如來佛廣大圓滿本覺性智的終極真義，這不能誤解為如來法身就是空無一物的虛空。

第二、有人聽聞佛經中說：人世間的一切乃至涅槃真如，其體畢竟是空，從本以來，自性寂滅，離一切相。由於不知這是破除無明妄執的說法，於是就認為佛法一切真如涅槃究竟真義，也只是一個無物的虛空而已。如何對治呢？說明真如法身的自體不空，因為它確實具足無量無邊功德。

第三、有人聽聞佛經中說：如來藏在任何地方也不會增加，在任何地方也不會減少，其體本自具備一切功德之法，因為不理解這個說明，就認為如來藏有色法和心法的自相差別。如何對治呢？說明上述論說只是依真如之義而說，由於真如熏染之義，顯示差別，因此說有種種差別。

第四、有人聽聞佛經中說：人世間一切生死流轉的染汙之法，都是依如來藏而有，一切事物都不離真如。因為不理解這個說明，就認為如來藏自體具有一切世間的流轉生死等法。如何對治呢？說明如來藏從根本以來，唯有比恆河沙還要多的各種清淨功德，然而，如來藏既不脫離真如之義，也不斷滅真如之義，與真如之義沒有任何差異。比恆河沙還要多的煩惱染汙之法，只是由於熏染而有，自性本來虛妄，從來就不與如來藏相符應。假若如來藏自體確有虛妄之法，那麼，因於實證而會入真如而永息妄想，就成為不可能。

第五、有人聽聞佛經中說：依據如來藏，而有眾生的生死流轉，依據如來藏，而證得涅槃。因為不理解這種說明，就認為有情眾生有出生之始。因為見到有情眾生有出生之始，又認為如來佛所證得的涅槃，有其終盡之時，涅槃終盡，還會返回來作眾生。如何對治呢？說明如來藏沒有所謂開始的時間，無明也沒有開始的時間。假若說三界之外還存在有情眾生開始生起的話，這就是外道經典所說。而且，如來藏也沒有終結的時候，諸佛所證得的涅槃，與如來藏相符應，也沒有最後終結的時候。

所謂法我見，是對應著聲聞、緣覺二乘的鈍根人所說。如來佛只為他們講「人無我」的道理，因為講得不徹底，看見五蘊這種有生滅變化的事物，就對生死產生恐懼情緒，虛妄執取涅槃。如何對治呢？說明五蘊事物的自性，本來沒有生，也沒有滅，從根本上來講就是涅槃。

其次，所說的最終解脫虛妄執著，應當知道，染汙之法和清淨之法都是相待而成立，所以都沒有自性可說。所以一切事物，從根本上來說，不是色法，也不是心法；不是智，也不是識；不是有，也不是無。究竟是不可說。用言語所說的，應當知道，只是如來佛的善巧方便而已，為了引導眾生，假借言說。其旨趣，是為了使有情眾生出離妄念，最終歸入真如。因為一直這樣想念著染淨之法，就會使眾生心永遠處於生滅境界中，就不能證入實智。

分別發趣道相❶者，謂一切諸佛所證之道，一切菩薩發心修行趣向義故。略說發心有三種，云何為三？

一者信成就發心❷，二者解行發心❸，三者證發心❹。

信成就發心者，依何等人，修何等行，得信成就，堪能發心？

所謂依不定聚❺眾生，有熏習善根力故，信業果報，能起十善❻，厭生死苦，欲求無上菩提。得值諸佛❼，親承供養❽，修行信心，經一萬劫，信心成就故，諸佛菩薩教令發心。

或以大悲故，能自發心，或因正法欲滅，以護法因緣，能自發心。如是信心成就得發心者，入正定聚⑨，畢竟不退。名住如來種中，正因相應。

若有眾生善根微少，久遠已來煩惱深厚。雖值於佛亦得供養，然起人天種子⑩，或起二乘種子。設有求大乘者，根則不定，若進若退。或有供養諸佛，未經一萬劫，於中遇緣，亦有發心，所謂見佛色相而發其心。或因供養眾僧而發其心，或因二乘之人教令發心，或學他發心。

如是等發心，悉皆不定，遇惡因緣，或便退失⑪墮二乘地。

復次，信成就發心者，發何等心？略說有三種，云何為三？

一者直心⑫，正念真如法故；二者深心⑬，樂集一切諸善行故；三者大悲心⑭，欲拔一切眾生苦故。

問曰：上說法界一相，佛體無二，何故不唯念真如，復假求學諸善之行？

答曰：譬如大摩尼⑮寶，體性明淨，而有鑛穢之垢。若人雖念寶性，不以方便種種磨治，終無得淨。如是眾生真如之法體性空淨，而有無量煩惱染垢。若人雖念真如，不以方便種種熏修，亦無得淨。以垢無量遍一切法故，修一切善行以為對治。若人修行一切善法，自然歸順真如法故。

略說方便有四種，云何為四？

一者行根本方便⑯，謂觀一切法自性無生，離於妄見，不住生死，觀一切法因緣和合，業果不失，起於大悲，修諸福德⑰，攝化眾生，不住涅槃，以隨順法性無住故。

二者能止方便⑱，謂慚⑲、愧⑳悔過，能止一切惡法㉑，不令增長，以隨順法性離諸過故。

三者發起善根增長方便㉒，謂勤供養禮拜三寶㉓，讚歎隨喜，勸請諸佛，以愛敬三寶淳厚心故。信得增長，乃能志求無上之道。又因佛、法、僧力所護故，能消業障，善根不退，以隨順法性，離癡障故。

四者大願平等方便㉔，所謂發願盡於未來，化度一切眾生使無有餘，皆令究竟無餘涅槃㉕，以隨順法性無斷絕故。

法性廣大，遍一切眾生，平等無二㉖，不念彼此，究竟寂滅㉗故。菩薩發是心故，則得少分見於法身，以見法身故，隨其願力，能現八種利益眾生，所謂從兜率天㉘退、入胎㉙、住胎㉚、出胎㉛、出家㉜、成道㉝、轉法輪㉞、入於涅槃㉟。

然是菩薩未名法身，以其過去無量世來有漏之業未能決斷，隨其所生，與微苦相應，亦非業繫，以有大願、自在力故。如修多羅㊱中，或說有退墮惡趣㊲者，非其實退。但為初學菩薩未入正位而懈怠㊳者恐怖，令使勇猛故。又，是菩薩一發心後，遠離怯弱，畢竟不畏墮二乘地。若聞無量無邊阿僧祇劫㊴，勤苦難行，乃得涅槃，亦不怯弱，以信知一切法從本已來自涅槃故。

解行發心者，當知轉勝。以是菩薩從初正信已來，於第一阿僧祇劫將欲滿故。

於真如法中，深解現前，所修離相，以知法性體無慳㊵、貪㊶故，隨順修行檀波羅蜜㊷。以知法性無染，離五欲㊸過故，隨順修行尸㊹波羅蜜。以知法性無苦，離瞋㊺惱故，隨順修行羼提㊻波羅蜜。以知法性無身心相，離懈怠故，隨順修行毘梨耶㊼波羅蜜。以知法性常定，體無亂㊽故，隨順修行禪㊾波羅蜜。以知法性體明，離無明故，隨順修行般若㊿波羅蜜。

證發心者，從淨心地，乃至菩薩究竟地。

證何境界？所謂真如，以依轉識說為境界。而此證者無有境界，唯真如智，名為法身。

是菩薩於一念頃[51]，能至十方無餘世界，供養諸佛，請轉法輪[52]。唯為開導利益眾生，不依文字。或示超地[53]速成正覺[54]，以為怯弱眾生[55]故。或說我於無量阿僧祇劫當成佛道，以為懈慢眾生故。能示如是無數方便，不可思議，而實菩薩種性根等，發心則等，所證亦等，無有超過之法，以一切菩薩皆經三阿僧祇劫故。但隨眾生世界[56]不同，所見[57]、所聞[58]、根[59]、欲[60]性異，故示所行亦有差別。

又，是菩薩發心相者，有三種心微細之相。云何為三？一者真心[61]，無分別故。二者方便心[62]，自然遍行利益眾生故。三者業識心[63]，微細起滅故。

又，是菩薩功德成滿，於色究竟處[64]，示一切世間最高大身。謂以一念相應慧[65]，無明頓盡，名一切種智[66]，自然而有不思議業，能現十方利益眾生。

問曰：虛空無邊故，世界無邊。世界無邊故，眾生無邊。眾生無邊故，心行差別亦復無邊。如是境界，不可分齊，難知難解。若無明斷，無有心想，云何能了，名一切種智？

答曰：一切境界，本來一心，離於想念。以眾生妄見境界，故心有分齊。以妄起想念，不稱法性，故不能決了。諸佛如來離於見想，無所不遍。心真實故，即是諸法之性，自體顯照一切妄法，有大智用無量方便，隨諸眾生所應得解，皆能開示種種法義，是故得名一切種智。

又問曰：若諸佛有自然業，能現一切處利益眾生者，一切眾生，若見其身，若覩神變[67]，若聞其說，無不得利，云何世間多不能見？

答曰：諸佛如來法身平等，遍一切處，無有作意[68]故，而說自然，但依眾生心現。眾生心者，猶如於鏡，鏡若有垢，色像不現。如是眾生心若有垢，法身不現故。

【章　旨】分別發趣道相，在佛所證的菩提道上，菩薩發心修行，趣向佛果。有三種發心：一、信成就發心。在十信位修習信心，得其成就，進入十住不退位；二、解行發心。在十住、十行、十迴向三賢位，能解法空之理，隨順真如，修六度妙行；三、證發心。於十地證真如，成就佛果。

【注　釋】❶分別發趣道相　分別解釋諸佛所證菩提道相，各位菩薩發菩提心修行，趣向佛果菩提道的情況。

❷信成就發心　十信行滿，信心成就，入十住位中初發心住，此時所生起的直心、方便心、大悲心，即為信成就發心。❸解行發心　「解」即解了，「行」即修行。菩薩入住位之後，漸次積累功德，第一阿僧祇劫將滿，深解真如妙法，於十行位中能解法性本空，修行六度，發迴向心，入十迴向位。❹證發心　「證」即證入，菩薩入初地乃至十地，證得真如法身，發起真心、方便心、業識心，以利益眾生，所以稱為證發心。❺不定聚　梵文Aniyata-rāśi的意譯，又稱為不定性聚、不定、亦不在邪亦不在正見際，三聚之一，「聚」為聚類、聚集之義，依據眾生根機的不同，分類聚集，可以分為三類。能否發心證悟不一定，有緣就能發心證悟，無緣就不能發心證悟。❻十善　人世間的十種善業，屬於身業的有三種：不殺生、不偷盜、不邪淫。屬於口業的有四種：不妄語、不兩舌、不惡口、不綺語。屬於意業的有三種：不貪欲、不瞋恚、不邪見。❼得值諸佛　有緣遇到各位佛，親自聽聞其說法教誨。❽親承供養　親近諸佛，承辦各類有益的事業，並供養諸佛。❾正定聚　梵文Samyaktva-niyata-rāśi的意譯，三聚之一，又稱為正性定聚、正定、等聚、善聚、直見際等。眾生中必定證悟者。此處指初地以上的菩薩。❿種子　梵文Bija的意譯，第八識阿賴耶識中，儲存著直接產生各類事物的功能，即名為種子。⓫退失　又稱為退轉、退墮等，往往略稱為「退」。即於求佛道的中途，退失菩提心，墮於二乘或凡夫之地；或退失已經證得的行位。⓬直心　正念真如之心。⓭深心　樂意積集一切善行之心。⓮大悲心　欲要拔除一切眾

生苦之心。⑮摩尼　梵文Maṇi的音譯，另譯末尼，意譯為如意寶珠。⑯行根本方便　把依真如之理所起的行，作為入道的根本方法，即二利行的根本，因有智慧而不住生死，因有慈悲而不住涅槃。⑰福德　意謂福利德行，與善法同義。⑱能止方便　防非止惡的靈活手段。⑲慚　梵文Hrī的意譯，對自己所做的錯事，感到羞恥，從此而起防止重犯的心理作用。⑳愧　梵文Apatrapā的意譯，做過錯事以後，在別人面前感到羞恥，害怕責罰或議論，決心不再重犯。㉑一切惡法　即十惡：殺生、偷盜、邪淫、妄語、兩舌、惡口、綺語、貪欲、瞋恚、邪見。㉒發起善根增長方便　「能止方便」是消極的自利（使自己覺悟），「發起善根增長方便」是積極的自利，是能使善根不斷增長的方法，能使修行者脫離法性真如的癡障。㉓三寶　梵文Triratna的意譯，即佛、法、僧。「佛」指佛教創始人釋迦牟尼，也泛指一切佛；「法」即佛教教義；「僧」指繼承、宣揚佛教教義的僧眾。㉔大願平等方便　發廣大誓願，盡未來際化度一切眾生，皆令入於究竟涅槃。㉕無餘涅槃　與有餘涅槃相對，生死因果皆盡，不再受生於三界。㉖無二　又稱為不二、離兩邊等，法性真如超越各種區別。㉗寂滅　涅槃的異名之一，又稱為滅度等，因其本體寂靜，離一切相，故稱寂滅。㉘兜率天　梵文Tuṣita的音譯，另譯兜率陀、睹史多等，意譯妙足、知足。六欲天之一，在夜摩天之上三億二萬由旬，一晝夜相當於人間四百年。在此天居位者，徹體光明，能照耀世界。有內、外兩院，外院是欲界天的一部分，內院是彌勒菩薩寄居於欲界的淨土。釋迦牟尼生母摩耶夫人逝後往生於此。㉙入胎　梵文Garbhāvakrānti的意譯，另譯托胎、托生等，胎生之有情入於母胎中，為受生此世之始。釋迦牟尼佛化儀八相之一，即世尊乘六牙白象，自兜率天下降，由摩耶夫人之右脅而入，宿於胎內。㉚住胎　釋迦牟尼住於母胎時，每天六次為天神說法。㉛出胎　釋迦牟尼於四月八日出胎，當時摩耶夫人在嵐毘尼園，手攀無憂樹枝，釋迦牟尼從右脅出，樹下生七莖蓮花，大如車輪，他腳踩蓮花，周行七步，一手指天，一手指地，說：「天上天下唯我獨尊。」龍王難陀和跋難陀於空中降溫、涼二種水，為太子沐浴。其身呈黃金色，具三十二相，放大光明，普照三千大千世界，此稱降生相。㉜出家　釋迦牟尼十九歲時，出遊四門，見生、老、病、死之相，深悟無常之理，向父王要求出家，父王不許。釋迦牟尼於二月七日身放光明，照四天王宮和淨居天宮。天神見後，告訴他出家時機已經成熟，遂於後夜乘馬至跋伽仙人苦行林中落髮，此稱出家相。㉝成道　釋迦牟尼在菩提樹下入定並得神通，於臘月初八豁然大悟，得無上道，此稱成道相。㉞轉法輪　釋迦牟尼成道以後，便想弘法度生。受梵天之請，前往鹿野苑，先為憍陳如等五比丘轉四諦法輪，並說大乘和小乘種種教法，此稱說法相或轉法輪相。㉟入於涅槃　釋迦牟尼在人世間弘法度生四十五年，二月十五日於拘尸那城娑羅雙樹間，臥七寶床，受純陀最後一次供養以後，於中夜進入涅槃。涅槃後，其舍利分為八分，起塔供養。㊱修多羅　即佛經，此指《纓絡本業經》卷上，原文如下：「七住以前，名為退分，若不值善知識者，若一劫乃至十劫，退菩提心。如淨目天子、法才王子、舍利弗等，欲入第七住，其間值惡知識因故，退入凡夫不善趣中。」㊲惡趣　六趣中的畜生、餓鬼、地獄三趣，因為這三趣是眾生造惡業的趣向之所，故稱惡趣。㊳懈怠　梵文Kausidya的意譯，與「勤」相對，於佛教善行不努力。㊴阿僧祇劫　「阿僧祇」是梵文Asaṅkhya的音譯，另譯阿僧企耶，意譯無數。「阿僧祇劫」表示非常久遠的時間單位，一阿僧祇有一千萬兆。㊵慳　梵文Mātsarya的意譯，是對財施、法施慳吝的心理狀態。㊶貪　梵文Rāga的意譯，三毒之一，意謂貪愛、貪欲。㊷檀波羅蜜　「檀」是梵文Dāna的音譯檀那之略，意譯為布施。「波羅蜜」是梵文Pāramitā的音譯波羅蜜多之略，意譯為「度」，意謂從生死苦海此岸度到涅槃彼岸的手段或方法。「檀波羅蜜」即施度，六度之一。㊸五欲　梵文Pañcakāma的意譯，又稱為五妙欲、妙五欲、五妙色等，是染著色、聲、香、味、觸五境所起的五種情欲。或指財欲、色欲、名欲、飲食欲、睡眠欲五欲。㊹尸　梵文Śīla的音譯尸羅之略，意譯為戒。㊺瞋　梵文Pratigha的意譯，三毒之一，仇恨和損害他人的心理狀態。㊻羼提　梵文Kṣānti的音譯，意譯為「忍」，即忍辱。㊼毘梨耶　梵文Vīrya的音譯，意譯為精進，另譯為勤。按照佛教教義，在修善斷惡的過程中，不懈怠的努力。㊽亂　全稱散亂，梵文Vikṣepa的意譯，貪、瞋、癡三毒，使心思分散，障礙禪定。㊾禪　梵文Dhyāna的音譯禪那之略，即禪定，即專注一境而不散亂的心理狀態。㊿般若　梵文Prajñā的音譯，意謂成佛的智慧。(51)一念頃　極短的時間單位，或作瞬間。(52)轉法輪　梵文Dharmacakra-parvartana的意譯，就像轉輪聖王轉動輪寶自在無礙，降伏怨敵一樣，佛說法也是自在無礙，能夠降伏惡魔。(53)超地　不需逐地修行，可以頓超十地，立即成佛。(54)成正覺　正覺是梵文Sambodhi的意譯，音譯三菩提。是證悟對一切事物的真正覺智，即如來實智，所以「成正覺」即成佛。(55)怯弱眾生　畏懼佛道難行而生怯弱心的有情眾生。(56)眾生世界　十界中除佛界以外的九界，都是眾生世界，九界如下：地獄界、餓鬼界、畜生界、修羅界、人間界、天上界、聲聞界、緣覺界、菩薩界。(57)所見　有情眾生所見之身有聲聞、緣覺、菩薩、佛四聖和地獄、餓鬼、畜生、阿修羅、人、天六凡。(58)所聞　有情眾生所聞聽之法有人、天之法和聲聞、緣覺、菩薩三乘之法。(59)根　有情眾生的前世根機有深淺之別。(60)欲　有情眾生的現世樂欲有大有小。(61)真心　又稱為超越心，即根本無分別智之心。(62)方便心　以後得智方便利益眾生。(63)業識心　當生起根本智和後得智的時候，還剩留的微細生滅心。(64)色究竟處　佛教把一切世界分為欲、色、無色三界，色界有四禪八天，最後一天是色究竟天，被看成是諸佛成道之處。(65)一念相應慧　與現前一剎那之念相應之定慧，或與真理契合，始覺與本覺相適應，徹達靈知的本性，即將成佛。(66)一切種智　一切智的種子，是對世間、出世間的一切事物無不了知的智慧，所以稱為佛智。(67)神變　佛和菩薩為了教化眾生，以超人間的不可思議的神通力，變現各種形狀和動作。(68)作意　梵文Manaskāra的意譯，使心警覺以引起活動的精神作用。

【語譯】

所謂「分別發趣道相」，就是說明在一切諸佛所證的佛果菩提道上，一切菩薩發菩提心修行，其所趣向的諸種義相。大略說來，有三種發心，哪三種呢？第一是信成就發心，第二是解行發心，第三是證發心。

所謂信成就發心，就是說明依什麼人，作何修行，才能得信成就而發心。依於「不定聚」之眾生，這一類眾生有熏習善根之力，相信善惡之業能引生苦樂果報，能生起十善，厭離生死之苦，欲求無上菩提之道，有緣遇到諸佛，親自承辦供養，修行十信心。經過一萬劫的久遠時間，使十信心得以成就，諸佛和菩薩就教誨他們，讓他們發起十住初心。或者是他們以大慈大悲，自己發起菩提心。或者因為如來佛正法將要隱沒的時候，他們以護持正法的因緣，能夠自己發起護持正法之心。

像這樣十信心圓滿成就得以發起十住初心的眾生，就進入「正定聚」，終究不會退轉，這就稱為住於如來種姓之中，與成佛正因相符應。

假若有的眾生善根極其微少，長久以來，煩惱深重。雖然有緣遇到佛，也有緣供養佛，然而卻生起人和天神種子，或者生起聲聞、緣覺二乘種子。即使有志追求大乘果報的人，但其根機不定，有時前進，有時後退。或者有人供養各位佛，沒有經過一萬劫，其中遇到一定的因緣，也有發心的，比如有人見到佛的色身形相而發心，或者因為供養眾僧而發心，或者因為小乘佛教聲聞、緣覺二乘人的教誨使其發心，或者學習其他人而發心。

像這樣的發心，都是不定，遇到壞因緣，就會倒退，墮落到小乘佛教聲聞、緣覺二乘人之境地。

其次，所謂信成就發心，發的是什麼心呢？簡略來說有三種，哪三種呢？第一是直心，這是正直地念及真如之法。第二是深心，這是樂於積集一切善行。第三是大悲心，這是發願拔除一切有情眾生之苦。

有人問：上文說過，真如是法界一相，佛凡同體，無二無無別，為什麼不專念真如，何必又發深心與大悲心而修善行呢？

論主回答說：比如一顆大摩尼寶珠，其體性本來是光明清淨的，但受到礦雜汙穢的垢染。倘使有人雖然專心注念摩尼的寶性，卻不用種種方法加以磨治，終究得不到摩尼寶珠的潔淨。同樣道理，有情眾生真如之法的體性是空性是潔淨，但有無數煩惱垢染。假若有人雖然專念真如，卻不用種種方便法門去熏習修行，也不可能得其潔淨。因為無始煩惱汙垢不計其數，普遍存在於一切事物當中，所以要修一切善行，以作為對煩惱的對治。如果有人修習實行一切善法，就會自然而然地歸順清淨空性的真如法性。

簡略來說，方便法門有四種，哪四種呢？

第一、行根本方便。即觀察一切事物，其自性乃是無生，遠離虛妄見解，不留住於生死輪迴之中。又觀察一切事物，都是因緣和合而成，使其業果不至於喪失，因此生起大悲心，修各種福德善行，攝持教化眾生，所以不留住於涅槃，這是由於隨順法性真如，所以無所住著。

第二、能止方便。由於慚愧，對自己所犯的過失感到後悔，能防止一切邪惡事物，使其不再發展，由於這是隨順法性真如，而出離各種過失。

第三、發起善根增長方便。勤懇供養禮拜佛法僧三寶，讚歎其功德，隨之產生歡喜之心，殷勤懇請諸佛留住世間。由於敬愛三寶之心具足淳厚，所以使信根得以增長，這就能夠立志追求無上佛道。又因為得到佛力、法力和僧團力的護持，能夠消除業障，使善根不至於退失。由於這是隨順法性真如，所以能夠出離癡障。

第四、大願平等方便。即發平等願，盡於未來際，教化度脫一切有情眾生，使之沒有剩餘，使之都能最終達到無餘涅槃。由於這是隨順永無間斷之真如法性。真如法性廣大通達，普遍存在於一切有情眾生，對一切眾生都絕對平等，無二無別，彼此之間毫無差別，最終妄心息滅，達到涅槃。

菩薩因為發以上三心，所以能夠到少分法身。由於見到法身，也就隨其願力，示現八種利益有情眾生之相。即下兜率天、入胎、住胎、出胎、出家、成道、轉法輪、入於涅槃。然而，此時的菩薩，還不能稱之為法身。因為他們過去無量世以來的有漏煩惱行為，還沒能決定斷滅，隨其所生之法與變易生死的微量之苦相符應。但這也不是粗重業行的繫縛，因為有大悲願力和自在解脫力。

如在《纓絡本業經》中——或者說有退墮到惡趣的，其實這並不是真正的退墮，這只是因為初學佛法的菩薩，還沒有進入正位的時候，即生懈怠。這樣講，是為了不讓這種菩薩產生恐怖情緒，使之勇猛精進。而且，這個時節因緣的菩薩一旦發心後，就遠離怯弱，終究不怕墮於二乘之地。即使聽到要經過無量無邊阿僧祇劫勤修苦行和難修之行，才能得到涅槃，也不產生怯弱之情。這是由於正信、了知一切事物，從根本上來講，其自性就是解脫涅槃。

所說的解行發心，應當知道，這比較前一種發心更為殊勝。因為這些菩薩從最初信仰大乘正法以來，已經將要滿第一阿僧祇劫了。

於真如法性中，由於現前，所以得到深刻理解，其所修行，遠離事物的形相。由於知道法性真如本體沒有慳吝和貪欲，於是就隨順真如法性修施度。由於知道法性真如沒有染汙煩惱，遠離五欲過失，於是就隨順真如法性修戒度。由於知道法性真如沒有痛苦，遠離瞋恚煩惱，於是就隨順真如法性修行忍度。由於知道法性真如沒有身心之相，遠離懈怠，於是就隨順真如法性修行精進度。由於知道法性真如常於定中，其體沒有散亂，於是就隨順法性真如修行禪度。由於知道法性真如的本體是明淨的，遠離無明，於是就隨順法性真如修行般若度。

所說的證發心，從菩薩十地的初地淨心地，直至最後一地菩薩究竟地。證悟何種境界呢？即所謂真如，這是依轉識成智而說為境界的。然而這種證悟真如，是沒有境界的，只有證悟真如的無分別智，稱為法身。

這時，菩薩於一念頃的極短時間，能達到十方世界而無餘，供養諸佛，請佛常轉法輪，這全是為了開導利益眾生，特地讓眾生可以不依靠文字即能開悟。或者顯示頓超十地，迅速成就正覺，這是為了那些有怯弱情緒的眾生而說的。或者說我經過無量阿僧祇劫的修行，才成佛，這是為那些懈怠、傲慢眾生而說的。

能夠顯示這無數方便法門，真是不可思議，但是，實際上這些菩薩的種姓、根機是平等的，發心也是一樣的，所證悟的境界也是一樣的，根本就沒有超過平等的更高法門。由於一切菩薩都要經過三阿僧祇劫的修行，但隨順眾生世界的不同，所見之身、所聞之法、根機、樂欲的本性都不相同，所以所開示的趣入所行是有差別的。

並且，這種菩薩的發心之相，有三種微細心相，哪三種呢？第一是真心，因為這是沒有分別的。第二是方便心，因為這是任運自然，普遍利益眾生的。第三是業識心，因為這是有微細的生起和消滅。

並且，這類菩薩的功德圓滿成就，於色究竟天能夠顯示一切世間最高大的身體。即以行深般若，以「一念相應慧」，使無明立即消除乾淨，這就稱為一切種智。由此自然而有不可思議的業用，能夠示現十方，使一切眾生得到利益。

有人問：因為虛空無邊無際，所以世界是無邊無際的；因為世界是無邊無際的，所以有情眾生也是無邊無際的；因為眾生是無邊無際的，所以心行差別也是無邊無際的。這樣的境界，不可分別，難以了知，難以理解。假若無明斷滅，就沒有心想了，還怎能了知一切事物而稱為一切種智呢？

論主回答說：一切境界本來就是眾生心所顯現，其自性則遠離虛妄想念。因為有情眾生的虛妄見解而有境界之相，所以心就有了虛妄分別。因為有虛妄見解，才生起虛妄想念，這不能相稱於法性真如，因此對事物也就不可能決斷明了。諸佛如來，遠離妄見和妄解，無所不遍，無所不知，因為真如心是真實的，所以能夠見到各種事物的實性，佛心自體能夠顯照一切虛妄分別的事物，佛有大智慧的大妙用，有無量方便法門，隨順各位眾生的所求，使之得到了解，都能揭示種種事物的義理，因此稱為一切種智。

又有人問：假若各位佛有自然業用，能示現於一切處所，使眾生得到利益，一切有情眾生，假若見其身體，假若目睹其神變，假若聽其說教，沒有得不到利益的，這樣，為什麼世間多數人都看不見他呢？

論主回答說：諸佛如來法身都是平等的，普遍存在於一切處所，沒有作意分別之想，說名為本來自性，依於眾生心而示現。眾生心就像一面鏡子一樣，鏡子假若有汙垢，鏡中的色像就不會顯現；同樣的，眾生心假若有汙垢，佛的法身就不會顯現。

第六章　通過修行堅定信心

【題解】〈通過修行堅定信心〉，說明生起大乘正信後的修行實踐，即「四信五行」，四信如下：信根本、信佛有無量功德、信佛有大利益、信僧能正修自利、利他。五行如下：施、戒、忍、進、止觀。修行實踐的易行方法是專念阿彌陀佛。

已說解釋分，次說修行信心分。

是中，依未入正定眾生故，說修行信心。何等信心？云何修行？

略說信心有四種，云何為四？

一者信根本❶，所謂樂念真如法故；二者信佛有無量功德❷，常念親近、供養、恭敬，發起善根，願求一切智故；三者信法有大利益❸，常念修行諸波羅蜜故；四者信僧能正修行自利利他❹，常樂親近諸菩薩眾，求學如實行故。

【章　旨】本章第一段說明四信。

【注　釋】❶信根本　因為真如是一切事物的根本，所以「信根本」就是信真如。真如是諸佛之師，眾行之本，經常信受真如，就能夠出離空有、能所等一切相待之相。❷信佛有無量功德　常念親近、供養、恭敬諸佛，就能發起善根，求得一切智慧。❸信法有大利益　相信佛法能夠滅除慳、貪等業障，經常思念修行六度，就能得到大利益。❹信僧能正修行自利利他　「僧」是梵文 Saṅgha 的音譯僧伽之略，是繼承、弘揚佛法的僧團。「自利」是自己覺悟，「利他」是使他人覺悟。應當經常親近僧團，以求如實修行。

【語　譯】

已經講完對主要觀點的詳細解釋，現在說明通過修行，堅定信心。此中是針對還沒有進入正定聚的有情眾生，所以要說明，通過修行，堅定信心。哪些信心呢？如何修行呢？簡略來說，信心有四種，哪四種呢？

第一是信根本。即樂意思念真如教法。第二是信佛有無量功德，經常想念、親近、供養、恭敬諸佛，以發起自己的善根，發願求得和佛一樣圓滿的「一切智」。第三是信法有大利益，即經常想念修行六度。第四是信僧能正修自利、利他，要經常樂意親近各位菩薩大眾，為了求學大乘佛教的如實修行。

修行有五門，能成此信。云何為五？

一者施❶門，二者戒❷門，三者忍❸門，四者進❹門，五者止觀門。

云何修行施門？若見一切來求索者，所有財物隨力施與，以自捨慳、貪，令彼歡喜。若見厄難、恐怖危逼，隨己堪任，施與無畏。若有眾生來求法者，隨己能解方便為說。不應貪求名利、恭敬，唯念自利、利他，迴向❺菩提故。

云何修行戒門？所謂不殺、不盜、不婬、不兩舌❻、不惡口❼、不妄言❽、不綺語❾，遠離貪、嫉❿、欺詐⓫、諂曲⓬、瞋恚、邪見⓭。若出家者，為折伏煩惱故，亦應遠離憒鬧，常處寂靜，修習少欲、知足、頭陀⓮等行。乃至小罪，心生怖畏，慚愧改悔，不得輕於如來所制禁戒。當護譏嫌⓯，不令眾生妄起過罪故。

云何修行忍門？所謂應忍他人之惱，心不懷報，亦當忍於利、衰、毀、譽、稱、譏、苦、樂⓰等法故。

云何修行進門？所謂於諸善事，心不懈退，立志堅強，遠離怯弱。當念過去久遠已來，虛受一切身心大苦，無有利益。是故應勤修諸功德，自利利他，速離眾苦。

復次，若人雖修行信心，以從先世來，多有重罪惡業障故，為魔邪⑰諸鬼之所惱亂，或為世間事務種種牽纏，或為病苦所惱，有如是等眾多障礙。是故應當勇猛精勤，晝夜六時⑱禮拜諸佛，誠心懺悔⑲，勸請隨喜，迴向菩提，常不休廢。得免諸障，善根增長故。

云何修行止觀門？所言止者，謂止一切境界相，隨順奢摩他⑳觀義故。所言觀㉑者，謂分別因緣生滅相，隨順毘鉢舍那觀義故。

云何隨順？以此二義㉒漸漸修習，不相捨離，雙現前㉓故。

若修止者，住於靜處，端坐㉔正意㉕。不依氣息㉖，不依形色，不依於空，不依地、水、火、風㉗，乃至不依見、聞、覺、知㉘。一切諸想，隨念皆除，亦遣除想。

以一切法本來無相，念念不生，念念不滅。亦不得隨心外念境界，後以心除心。心若馳散，即當攝來住於正念。

是正念者，當知唯心，無外境界。既復此心亦無自相，念念不可得。若從坐起，去、來、進、止㉙，有所施作。於一切時，常念方便㉚，隨順觀察。

久習淳熟，其心得住，以心住故，漸漸猛利，隨順得入真如三昧㉛，深伏煩惱，信心增長，速成不退㉜。

唯除疑惑㉝、不信㉞、誹謗、重罪業㉟障、我慢㊱、懈怠，如是等人所不能入。

復次，依如是三昧故，則知法界一相。謂一切諸佛法身與眾生身平等無二，即名一行三昧㊲。當知真如是三昧根本，若人修行，漸漸能生無量三昧。

或有眾生無善根力，則為諸魔外道鬼神㊳之所惑亂。若於坐中現形恐怖，或現端正男女等相，當念唯心，境界則滅，終不為惱。

或現天像、菩薩像，亦作如來像，相好具足[39]。若說陀羅尼[40]，若說布施、持戒、忍辱、精進、禪定、智慧，或說平等[41]，空、無相、無願[42]，無怨、無親，無因、無果，畢竟空寂，是真涅槃。

或令人知宿命過去之事[43]，亦知未來之事，得他心智[44]，辯才無礙[45]，能令眾生貪著世間名利之事。又令使人數瞋數喜，性無常准。或多慈愛，多睡多病，其心懈怠。或卒起精進，後便休廢。生於不信，多疑多慮。或捨本勝行，更修雜業[46]。若著世事種種牽纏，亦能使人得諸三昧少分相似，皆是外道所得，非真三昧。

或復令人若一日，若二日，若三日乃至七日住於定中，得自然香美飲食，身心適悅，不飢不渴，使人愛著。或亦令人食無分齊，乍多乍少，顏色變異。

以是義故，行者常應智慧觀察，勿令此心墮於邪網㊼。當勤正念㊽，不取不著，則能遠離是諸業障。

應知外道所有三昧，皆不離見、愛、我慢之心，貪著世間名利、恭敬故。

真如三昧者，不住見相㊾，不住得相㊿。乃至出定，亦無懈、慢，所有煩惱漸漸微薄。若諸凡夫不習此三昧法，得入如來種性(51)，無有是處。

以修世間諸禪三昧(52)，多起味著(53)，依於我見，繫屬三界，與外道共。若離善知識所護，則起外道見故。

復次，精勤專心修學此三昧者，現世當得十種利益。云何為十？

一者常為十方諸佛、菩薩之所護念；二者不為諸魔惡鬼所能恐怖；三者不為九十五種外道(54)鬼神之所惑亂；四者遠離誹謗甚深之法，重罪業障漸漸微薄；五者滅一切疑諸惡覺觀；六者於如來境界信得增長；

七者遠離憂悔，於生死中勇猛不怯；八者其心柔和，捨於憍[55]、慢，不為他人所惱；九者雖未得定，於一切時一切境界處，則能減損煩惱，不樂世間；十者若得三昧，不為外緣一切音聲之所驚動。

復次，若人唯修於止，則心沉沒。或起懈怠，不樂眾善，遠離大悲，是故修觀。

修習觀者，當觀一切世間有為之法，無得久停，須臾變壞。一切心行，念念生滅，以是故苦。應觀過去所念諸法，恍惚如夢。應觀現在所念諸法，猶如電光。應觀未來所念諸法，猶如於雲，忽爾而起。應觀世間一切有身，悉皆不淨，種種穢污，無一可樂。

如是當念一切眾生，從無始世來，皆因無明所熏習故，令心生滅，已受一切身心大苦。現在即有無量逼迫，未來所苦亦無分齊，難捨難離，而不覺知。眾生如是，甚為可愍。

作此思惟，即應勇猛立大誓願，願令我心離分別故，遍於十方，修行一切諸善功德。盡其未來，以無量方便救拔一切苦惱眾生，令得涅槃第一義樂[56]。

以起如是願故，於一切時、一切處，所有眾善隨己堪能，不捨修學，心無懈怠，唯除坐時專念於止。

若餘一切，悉當觀察應作不應作。若行、若住、若臥、若起，皆應止觀俱行。

所謂雖念諸法自性不生，而復即念因緣和合，善惡之業，苦樂等報，不失不壞。雖念因緣善惡業報，而亦即念性不可得。

若修止者，對治凡夫住著世間，能捨二乘怯弱之見。若修觀者，對治二乘不起大悲狹劣心過，遠離凡夫不修善根。

以此義故，是止觀二門共相助成，不相捨離。若止觀不具，則無能入菩提之道。

【章 旨】詳細解釋修行五門：施門、戒門、忍門、進門、止觀門。

【注 釋】❶施 全稱布施，梵文Dāna的意譯，音譯檀那。布施財富，稱為財施；布施法，稱為法施；使眾生無所畏懼，稱為無畏施。❷戒 梵文Śīla的意譯，音譯尸羅，六度之一，三學之一。佛教徒應當遵守的戒律，有防非止惡的作用。❸忍 梵文Kṣānti的意譯，音譯羼提。六度之一，意謂忍辱。❹進 梵文Vīrya的意譯精進之略，音譯毘梨耶。六度之一，意謂於修善斷惡、去染轉淨的過程中，不懈怠的努力。❺迴向 梵文Pariṇāma的意譯，另譯回向、轉向、施向等。以自己所修的善根功德，迴轉給眾生，並使自己趨向菩提涅槃。❻不兩舌 不搞挑撥離間，使之相互鬥爭。❼不惡口 不以惡言惡語汙罵他人。❽不妄言 不以虛妄不實之言欺騙他人。❾不綺語 不以花言巧語獲取名利。❿嫉 梵文Īrṣyā的意譯，為了自己的名利，對於別人的成功，發生嫉妒的心理。⓫欺詐 即誑(Śāṭhya)，因貪圖財利而欺騙他人的思想和言行。⓬諂曲 往往簡稱為諂(Māyā)，以獲取名利為目的，矯揉造作、掩飾自己過錯的思想和言行。⓭邪見 梵文Mithyā-dṛṣṭi的意譯，即否認因果報應的錯誤見解。⓮頭陀 梵文Dhūta的音譯，另譯杜多、杜荼，意譯抖擻，即去掉塵垢煩惱之義。佛教苦行之一，有十二種頭陀行：著糞掃衣（用被遺棄的破布縫製的僧服）、著三衣（三種用不正色布縫製的袈裟）、常乞食、次第乞、一坐食（除午飯外，不吃零食）、節量食（鉢中只受一團飯）、住阿蘭若（住遠離人家的空閒處）、塚間坐（坐墳地）、樹下坐、露地坐（坐露天地方）、隨地坐（不拘地方坐）、常坐不臥。⓯譏嫌 即息世譏嫌戒，略稱為譏嫌戒，又稱為遮戒。為止息世人譏嫌所制訂的戒律，如禁止販賣、作媒、飲酒、食五辛等。⓰利衰毀譽稱譏苦樂 此稱八法、八風或八世風。因為這八法能夠煽動人心，被世間人所愛或所憎。「利」是有益於己，「衰」是有損於己，「毀」是毀謗，「譽」是讚譽，「稱」是稱道，「譏」是譏誹，「苦」是逼迫，「樂」是歡悅。⓱魔邪 即邪魔，邪惡的魔羅(Māra)之略，是惡鬼惡神的總稱，佛教把擾亂身心、障礙善業的煩惱、疑惑等，統稱為邪魔。⓲晝夜六時 晨朝、日中、日沒晝三時和初夜、中夜、後夜夜三時的總稱。⓳懺悔 「懺」是梵文Kṣama的音譯懺摩之略，意為「忍」，求人忍罪。「悔」為悔過。在佛、菩薩、師長、大眾面前悔謝罪過，以求諒解。⑳奢摩他　梵文Śamatha的音譯，意譯為止或止寂，禪定的異名，心專注一境而不散亂。㉑觀　梵文Vipaśyana的意譯，音譯毘鉢舍那、毘婆舍那等，智慧的異名。此指方便觀。㉒二義　即方便止和方便觀。㉓雙現前　正止和正觀雙雙呈現於眼前。㉔端坐　修練禪定時的結跏趺坐。㉕正意　正念真如，使之不執著外境。㉖氣息　人們呼吸時的出入之氣，呼時為出息，吸時為入息。㉗地水火風　合稱四大，是構成物質世界的基本原素。地以堅為性，能支持萬物；水以濕為性，能收攝萬物；火以暖為性，能成熟萬物；風以動為性，能生長萬物。㉘見聞覺知　眼、耳、鼻、舌、身、意六識的認識作用。「見」是眼識所見，「聞」是耳識所聞，「覺」是鼻、舌、身三識的覺察，「知」是第六識意識的認知作用。㉙去來進止　日常生活中的行、住、坐、臥等一切活動。㉚方便　此指方便止。住於靜處，結跏趺坐，正念真如，此稱正止。起坐以後，在其他一切時間、地點所修的止，稱為方便止。㉛真如三昧　三昧是梵文Samādhi的音譯，意譯禪定。真如三昧是一切禪定的根本，是最上乘禪，以真如為禪境。入此三昧者，必可頓悟自心本來清淨，本無煩惱，本自具足無漏性智，此心即佛而與佛無異。㉜速成不退　十信心位成就以後，迅速進入十住位而不退轉。㉝疑惑　「疑」是梵文Vicikitsā的意譯，心生疑念而不能安定，「惑」是迷於對象而判斷錯誤。此指對真如之理猶豫不決，尚存疑惑。㉞不信　梵文Aśrāddha的意譯，心不清淨，不相信因果報應等佛教真理，此指善根斷盡的一闡提人，不相信真如之理。㉟重罪業　包括五逆罪和四重罪，五逆罪如下：殺父、殺母、殺羅漢、佛身出血、破和合僧。四重罪如下：淫、盜、殺人、大妄語。㊱我慢　梵文Ātma-māna的意譯，以「我」為中心所形成的傲慢心理。㊲一行三昧　梵文Ekavyūha-samādhi的意譯，心專注於一行所修習的禪定。㊳鬼神　鬼和神的合稱，此指擾亂身心、障礙善法的煩惱。㊴相好具足　如來佛所具有的三十二相、八十種好。㊵陀羅尼　梵文Dhāraṇī的音譯，另譯陀憐尼，意譯總持、能持、能遮等，意調總攝憶持無量佛法而不忘失的念慧力，所以陀羅尼是一種記憶術。以一法持一切法，以一文持一切文，以一義持一切義。陀羅尼能持各種善法，能除各種惡法。後人將之與咒混同，一般來說，長句為陀羅尼，短句為咒。㊶平等　梵文Sama的意譯，意謂均平齊等，沒有高下、淺深之別，佛教認為，一切事物在共性或空性、唯識性、心真如性等方面，沒有差別，此稱平等。㊷空無相無願　三解脫門。梵文Trīṇi Vimokṣa-mukhāni的意譯，往往略稱為三解脫、三脫門、三門等，是達到解脫涅槃的三種法門。「空解脫門」是說一切事物都沒有自性，都是因緣和合而成。只有這樣認識問題，才能得到解脫自在。「無相解脫門」又稱為無想解脫門，認識到一切事物都是空以後，則知男、女、一、異等相，皆不可得，這就使人離差別相而得自在。「無願解脫門」又稱為無作門、無欲門等。知一切事物無相以後，則於三界無所願求。由此則不造作生死之業，不受生死之苦。㊸知宿命過去之事　得到宿命通以後，能知自身及六道眾生過去世的生命行事。㊹他心智　全稱他心智證通，往往簡稱為他心通。一種神通，得此神通者，能知現在六道眾生的心思。㊺辯才無礙　四無礙（法無礙、義無礙、詞無礙、辯無礙）之一，又稱為辯無礙解、辯無礙智、辯無礙辯、樂說無礙解、樂說無礙智、樂說無礙辯等。善巧說法，無所障礙。㊻雜業　又稱為雜行，與正行相對，此中是說：放棄本自殊勝的修行，而修雜業，如以放生等培植有為功德。㊼邪網　邪魔如網絡一樣，使人受到束縛，不得自在。㊽正念　梵文Samyak-smṛti的意譯，原為八正道之一，意謂明記四諦等佛法真理。此指捨除邪惡念頭，而歸正念真如實相。㊾見相　又稱為能見相、轉相。三細之一、九相之一，依據以前的業相，轉而成為能見之相，即能見之心。㊿得相　所得之境相。51如來種性　即成佛的本性，菩薩修行到初住不退位，就進入如來種性。52世間諸禪三昧　又稱為有漏禪、世定、世間定等，凡夫所修的欲界定、色界四禪定、無色界的四無色定（空無邊處定、識無邊處定、無所有處定、非想非非想處定）、四無量心定（慈、悲、喜、捨）等。53味著　貪著飲食的香味。54九十五種外道　釋迦牟尼在世時的外道數目，佛教經典說法不一，一般載為九十六種，但《大般涅槃經》和《大集經》載為九十五種。55憍　梵文Mada的意譯，依仗自己的長處而驕傲自大。56涅槃第一義樂　即涅槃樂，此樂遠離現世生死之苦，一切惑業寂滅，究竟安穩，此樂至高至極，故稱第一義樂。

【語譯】

修行有五個方面，能夠成就這四信，哪五個方面呢？第一是布施，第二是持戒，第三是忍辱，第四是精進，第五是止觀。

如何修行布施呢？假若看見一切前來要求索取財物者，要把自己的所有財物，盡力施捨給他，以此捨除自己的慳吝和貪欲，使之歡喜。假若遇見有人遭受災難、恐怖危險的逼迫，要根據自己所能承擔的能力，施捨給他，要有這樣無所畏懼的精神。假若有眾生來向自己求教佛法，要根據自己的理解能力，利用權巧方便法門，為之說法，不應當貪欲求取名譽、利益、恭敬。應當專一想念自己的覺悟並使他人覺悟，把自己證得的菩提迴向給眾生。

如何修行持戒呢？應當遵守不殺、不盜、不淫、不兩舌、不惡口、不妄言、不綺語，遠離貪欲、嫉妒、欺詐、諂曲、瞋恚、邪見。假若是出家人，為了折損降伏煩惱，還應當遠離熱鬧場所，經常在寂靜地方，修習少欲、知足、頭陀等苦行。即使是犯了微小罪過，其心也應當產生恐怖畏懼，要感到慚愧而決心改悔。不能輕視如來佛所制訂的戒律，應當護持譏嫌戒，不能使有情眾生妄起過失和罪惡。

如何修行忍辱呢？應當忍受其他人的惱害，不能心懷報復。也應當忍耐利益、衰敗、毀壞、名譽、稱讚、譏諷、苦難、快樂等，不能為之所動。

如何修行精進呢？就是對於各種善事，其心不懈怠，不退轉，立下堅強意志，遠離怯弱心理。應當想到，過去長期以來，空受一切身心大苦，沒有得到一點利益，所以應當勤懇修行各種功德，以求得自己覺悟並使他人覺悟，迅速脫離眾多苦難。

而且，假若有人雖然修行信心，但是由於先世以來，有很多嚴重罪惡之業的障礙，受到各種邪魔鬼怪的惱亂，或被塵世間的各種事務所纏縛，或被疾病痛苦所折磨，有這麼多的障礙，所以應當勇猛、精進、勤懇，晝夜六時向各位佛進行禮拜，以虔誠之心進行懺悔，勸請諸佛來住世間，隨之產生歡喜之心，讓自己的功德，迴向菩提佛果，經常不斷地這樣做，就能夠免除各種障礙，使善根得到增長。

如何修行止觀呢？這裡所說的「止」，是止息一切外境之相，這是隨順奢摩他進行觀察之義。這裡所說的「觀」，是分別因緣和合而起的生滅相，是隨順毘鉢舍那進行觀察之義。什麼是隨順呢？以這止、觀二義，逐漸修習，使之不相捨離，雙雙呈現於眼前。

如果修「止」的話，就要住於寂靜處，結跏趺坐，正念真如，不依靠呼吸之氣息，不依靠事物的外形和顏色，不依靠「空」，不依靠地、水、火、風四大，乃至於不依靠所見、所聞、所感覺和所知曉，所有的這一切虛妄想，都要隨順正念而消除，也要遣除正念真如的想念。因為一切事物從根本上來講是不可想念的，它是念念不生，念念不滅。也不能隨順妄心，在心外想念境界，如果這樣做，就等於以妄心消除妄心，這是枉然的。

假若心有馳散，就當攝取來，使之安住於正念。應當知道，這種正念，亦只是眾生心，沒有心外的任何境界，即使是這種眾生心，也沒有自己本身的體相，所以應該證到念念不可得。

假若從跏趺坐而起，去、來、前進、休止，有所造作，於一切時間，經常想念方便止，隨順其「止」，進行觀察。長久地這樣修習，就會逐漸淳熟起來，其心就能安住。由於其心安住的緣故，逐步增強，隨順這種情況，就能進入真如三昧，深刻降伏煩惱，使信心增長，迅速圓滿成就，而永遠不再退失。只有那些疑惑、不信、誹謗、嚴重罪惡之業的障礙、我慢、懈怠者，凡有如上缺點的人，都不能進入真如三昧。

其次，依著這種真如三昧，就會知道法界只有一相。即一切佛的法身，與有情眾生都是一樣的，是沒有區別的，這就稱為一行三昧。應當知道，真如是三昧的根本，假若有人修行真如三昧，就能逐漸產生無量三昧。

或者有的眾生，沒有善根之力，就要受到各種邪魔外道、鬼神的迷惑和惱亂，如在定中出現恐怖形相，或者出現端正男女等相，此時應當正念一切唯心所造，所現的境界就會漸滅，終究不被惱亂。或者出現天神像、菩薩像，也可能出現如來佛像，三十二相、八十種好，樣樣具有。或說陀羅尼法，或說布施、持戒、忍辱、精進、禪定、智慧六度。或說平等，或說空、無相、無願三解脫門，或說無怨、無親，或說無因、無果，畢竟空寂，究竟涅槃。

或者讓人們知道宿世生命和過去數世之事，又知未來世之事。或得他心通，辯才無礙，能使有情眾生貪戀執著世間名譽、利益等事，又使人時怒時喜，喜怒無常。或者使之表現出很多慈愛之心，或者使之多睡、多病，或使其心懈怠，或者使之開始精進，以後便休止廢除，或者使之產生不信真如佛法，過多疑慮。

或者使之捨除原有的殊勝行為，而行雜業。或者使之貪著世事，遭受種種牽掛纏縛。又能使人們進入各種禪定，並得少部分貌似禪境。實際上，這些都是外道所得，並不是真正的佛教禪定。或者又使人們一日、二日、三日，乃至於七日，住於禪定之中，得到自然香美的飲食，使之身心適悅，不饑不渴，使人產生貪愛執著，或者又使人們飲食沒規矩，時多時少，容貌發生變化。

基於以上所列舉的情況，修行者應當經常以智慧進行觀察，不要讓自己的心墮落於邪網。應當勤修正念真如，不執取不貪著世間名利，就能夠遠離這種種業障。應當知道，外道的所有三昧，都離不開我見、我愛、我慢之心，因為他們都貪愛、執著人世間的名譽、利益、恭敬。

然而，諸佛所說的真如三昧，不住於能見之相，也不住於所得外境之相，甚至於出定以後，也沒有懈怠、我慢，所有的一切煩惱，都漸漸變得微少淺薄。凡夫眾生，如不修習這種真如三昧之法，要想入於如來種性，根本就不可能。因為要修世間的各種禪定，大多生起對飲食香味的執著，依止我見，繫屬於三界，與外道在一起。假若沒有善知識所護持，就會生起外道邪見。

其次，精進勤懇專心修行學習這種真如三昧的人們，於現世應當獲得十種好處，哪十種呢？第一、經常受到十方世界各位佛、菩薩的護持和憶念；第二、不對一切邪魔、惡鬼生起恐怖之心；第三、不被九十五種外道的鬼、神所迷惑所擾亂；第四、不會誹謗甚深妙法，嚴重的罪惡業障逐漸變得微薄；第五、能夠滅除對佛教的一切疑惑和各種錯誤的思想觀點；第六、對於如來佛境界的信仰得到增長；第七、遠離憂愁和悔恨，於生死流轉之中，勇猛前進而不怯退；第八、其心柔和，捨除驕傲自大心理，不被其他人所惱害；第九、雖然還沒有進入禪定，但於一切時間、一切境界處所，都能滅除損減煩惱，不樂於執著世間的一切；第十、假若進入這種三昧，不被外界的一切聲音所驚動。

再者，如果有人只修「止」，其心就會沉沒，或者生起懈怠，不樂意修行各種善業，遠離大悲之心，所以要修「觀」。修習觀法，應當觀世間的一切有為法，都不能久住於人世，剎那間就會變壞。有情眾生的心行，都是一念接著一念，生滅不斷，所以一切皆苦。還應當觀察過去所想念的一切事物，就像做了一場夢一樣。還應當觀察現在所想念的一切事物，就像雷電閃光一樣。還應當觀察未來所想念的一切事物，就像天上的浮雲一樣，忽爾生起。

還應當觀察人世間的一切有情眾生身都是不淨的，有種種汙穢，沒有一樣東西可使人歡樂。還應當想到一切有情眾生，從無數過去世以來，都是因為受到無明的熏習，使心生滅不停，已經受到一切身心大苦。現在就受無量痛苦的逼迫。未來世之苦，也無終期，有情眾生與痛苦難捨難分，自己卻不知不覺。有情眾生如此受苦，卻不覺悟，實在是可憐。

經過這樣的思考以後，就應當勇猛地立下宏大誓願：但願使我的心遠離虛妄分別，遍於十方，以此真如心性，修行一切善法功德，直至未來之世，以無量權巧方便法門，拯救一切苦惱眾生，使他們進入涅槃，得到第一妙樂。

由於發過這樣的誓願，要於一切時間一切處所，對於所有善法，盡自己的能力，不捨離修行和學習，其心永無懈怠，只有當坐禪時專心一念修「止」以外，其餘一切時間都應觀察什麼該作，什麼不該作。不管是行、住、臥、起，都應該是止觀雙修。即是說，雖然觀想各種事物，其自性不生，但也應觀想因緣和合而生善惡之業和苦樂果報，它們亦是如影隨形，不會矯亂錯失，也不會莫名地消滅。雖然想到因緣和合而起的善惡之業及其果報，但也應想到其自性究竟不可得。

假若修「止」的話，就能對治凡夫眾生貪戀住於五蘊世間相，亦能夠捨除聲聞、緣覺二乘人對於大乘佛法的怯弱見解。假若修「觀」的話，就能對治二乘人不生起大悲心的狹隘卑劣過失，遠離凡夫眾生不修善根的行為。

以上義理說明了，這「止」、「觀」二門，相輔相成，不相捨離，如果止、觀二門不同時具備，就不能進入菩提涅槃之道。

復次，眾生初學是法，欲求正信，其心怯弱。以住於此娑婆世界❶，自畏不能常值諸佛，親承供養。懼謂信心難可成就，意欲退者。

當知如來有勝方便，攝護信心。謂以專意念佛因緣，隨願得生他方佛土❷，常見於佛，永離惡道。如修多羅❸說，若人專念西方極樂世界❹阿彌陀佛❺，所修善根迴向願求生彼世界，即得往生❻。常見佛故，終無有退。若觀彼佛真如法身，常勤修習，畢竟得生住正定❼故。

【章　旨】通過修四信五行學習大乘佛法的眾生，只有專念西方極樂世界的阿彌陀佛，才能達到不退轉。

【注　釋】❶娑婆世界　娑婆是梵文Sahā的音譯，另譯娑呵、索訶等，意譯忍、堪忍、能忍等。娑婆世界(Sahā-loka-dhātu)是佛、菩薩教化的世界，此界眾生忍受各種煩惱，不肯出離，所以稱為「忍」。佛、菩薩救度眾生時，能夠忍受各種痛苦，所以又稱為「能忍」。因為娑婆世界又是三惡、五趣雜會之所，所以又譯為雜惡、雜會。❷他方佛土　「佛土」是佛所居住的清淨國土，「他方佛土」是指娑婆世界之外的清淨佛土。❸修多羅　梵文Sūtra的音譯，意譯為「經」。此指淨土三經《阿彌陀經》、《無量壽經》、《觀無量壽經》和《瑞相經》。❹西方極樂世界　又稱為西方極樂淨土、西方淨土，往往略稱為西方。阿彌陀佛所居住的極樂淨土。❺阿彌陀佛　「阿彌陀」是梵文Amitābha的音譯，意譯「無量光」，所以「阿彌陀佛」又稱為無量光佛，又稱為無量壽(Amitāyus)佛，淨土宗的主要崇拜對象，居住於西方極樂世界。❻往生　命終時生於他方世界，稱為「往生」，所以通常作為「死」的代名詞。就廣義而言，通指受生於三界、六道及諸佛淨土，「彌陀淨土」之說盛行以後，主要指受生於西方極樂世界。❼正定　八正道之一，梵文Samyak-samādhi的意譯，意謂正確的禪定。心專注一境而不散亂，由此而生認識四諦等佛教真理的智慧。

【語譯】

其次，有情眾生最初學習大乘佛法的時候，要想求得對大乘佛法的正信，會產生怯弱心理。因為居住於娑婆世界，自己害怕不能經常見到諸佛，不能親自承辦供養諸佛。因為害怕自己對大乘佛法的信心很難成就，就想退轉。

然而，我們應當知道，如來佛有殊勝的權巧方便法門，攝受保護眾生對大乘佛法的信心。這裡指的是專心一意念佛，以此為因緣，就能隨順往生他方佛土，經常見到佛，永遠脫離畜生、餓鬼、地獄三惡道。如佛經說，如果有人專心一意誦念西方極樂世界的阿彌陀佛，所修善根就能迴向發願求生西方極樂世界，就能得此往生。因為經常見到佛，所以終究不會退轉。假若觀察阿彌陀佛的真如佛身，經常地勤懇修習，畢竟得生佛土，常住於正定。

第七章　勸導人們修學此法以獲無量功德

【題解】有情眾生相信大乘佛法並照此修行，功德無量。所有的佛都依此法而得涅槃，三世菩薩皆依此法而成淨信，故應勸導眾生修學大乘佛法。

已說修行信心分，次說勸修利益分。

如是摩訶衍諸佛祕藏❶，我已總說。若有眾生欲於如來甚深境界得生正信，遠離誹謗，入大乘道，當持此論❷，思量❸修習❹，究竟能至無上之道❺。

若人聞是法已，不生怯弱，當知此人定紹佛種，必為諸佛之所授記❻。假使有人能化三千大千世界❼滿中眾生，令行十善❽，不如有人於一食頃正思此法，過前功德❾，不可為喻。

復次，若人受持此論，觀察修行，若一日一夜，所有功德無量無邊，不可得說。假令十方一切諸佛，各於無量無邊阿僧祇劫，歎其功德，亦不能盡。何以故？謂法性功德無有盡故，此人功德亦復如是，無有邊際。

【章　旨】大乘佛法是佛的祕藏實論，通過聞、思、修，必成佛果。

【注　釋】❶祕藏　佛的奇妙教法，蘊藏於內，非常隱祕，不輕易宣講。❷當持此論　此指聞慧，即由聽聞佛法而生的智慧。❸思量　此指思慧，即由思量佛法而生的智慧。❹修習　此指修慧，即由修習佛法而生的智慧。❺無上之道　無上無比的佛道，與無上正等覺、無上菩提等同義。❻授記　梵文Vyākaraṇa的意譯，音譯和伽羅。佛對發心眾生授與將來必定成佛的記別。❼三千大千世界　略稱大千世界。以須彌山為中心，以鐵圍山為外廓，同一日月所照的四天下為一小世界，一千小世界為一「小千世界」；一千「小千世界」為一「中千世界」；一千「中千世界」為一「大千世界」。因為「大千世界」有小、中、大三種「千世界」，所以稱為「三千大千世界」。❽十善　與「十惡」相對的十種善業。屬於身業的有三種：不殺生、不偷盜、不邪淫，屬於口業的有四種：不妄語、不兩舌、不惡口、不綺語，屬於意業的有三種：不貪欲、不瞋恚、不邪見。❾過前功德　超過前面所說的教化三千大千世界中所有眾生行十善的功德。

【語　譯】

已經講完〈通過修行堅定信心〉，現在講〈勸導人們修學此法以獲無量功德〉。

這樣的大乘佛法，是諸佛的祕藏，我（作者）已總略說明。假若有眾生想於如來佛的甚深境界產生正信，遠離誹謗佛法之心，進入大乘佛法之道，應當受持這部《大乘起信論》，思惟其內容，並照此修行，最終能夠達到無上佛道。假若有人聽聞這種大乘佛法以後，不產生怯弱心理，應當知道，此人肯定要紹隆佛種，必定得到諸佛的授記。假若有人能夠教化三千大千世界的所有眾生，使之修行十善，不如有人於一頓飯時間正確思惟這種大乘教法，其功德遠遠超過前文所說的教化三千大千世界的有情眾生修十善，其實這兩者的功德，根本是不能相比的。

再者，假若有人受持這部《大乘起信論》，閱讀並照此修行，即使只有一天一夜，所得功德就無量無邊，簡直沒法說。假若讓十方世界的一切佛，各於無量無邊的阿僧祇劫，讚歎這種功德，也說不完。為什麼呢？由於法性功德是沒有窮盡的，此人功德也是這樣，是無邊無際的。

其有眾生於此論中毀謗不信，所獲罪報，經無量劫受大苦惱❶。是故眾生但應仰信，不應誹謗。以深自害，亦害他人，斷絕一切三寶之種。以一切如來皆依此法得涅槃故，一切菩薩因之修行入佛智❷故。

當知過去菩薩已依此法得成淨信❸，現在菩薩今依此法得成淨信，未來菩薩當依此法得成淨信，是故眾生應勤修學。

【章　旨】如果誹謗這部《大乘起信論》，不僅害己，亦害他人，斷絕三寶種子。三世菩薩皆依此法而成淨信，所以應當規勸眾生修學這部論。

【注　釋】❶大苦惱　受萬生萬死的極大輪迴之苦。❷佛智　梵文Buddha-jñāna的意譯，佛所有無所不知的一切種智，佛特有的這種智慧，是最殊勝而無上的智見。❸淨信　對佛、法、僧三寶的信仰，不會給人帶來煩惱，故稱淨信。

【語　譯】

如果有的眾生對這部《大乘起信論》毀謗不信，他所得的罪惡果報，要經無量劫遭受輪迴大苦。所以，有情眾生對這部《大乘起信論》只應信仰，不應當誹謗。如果誹謗這部論，不僅深刻地損害他自己，也會損害他人，斷絕佛、法、僧三寶的一切種子。因為所有的佛如來都依著這大乘佛法而入涅槃，一切菩薩，也都因為遵循《大乘起信論》所弘揚的大乘佛法修行，而入佛智。

應當知道，過去世的菩薩，已經依著這種大乘佛法而成淨信；現在世的菩薩，正依著此法而成淨信；未來世的菩薩，也將依著此法而成淨信。所以，應當規勸有情眾生，勤懇無間，學習這部《大乘起信論》，並照此修行。

第八章　流通頌

【題解】本論以〈歸敬頌〉開始，表示作者的虔誠信念；以〈流通頌〉結束，表示作者弘法利生的偉大抱負。

諸佛甚深廣大義，
我今隨分總持說。
迴此功德如法性，
普利一切眾生界❶。

【章旨】作者已總略說明大乘法義，以此功德利益眾生。

【注釋】❶眾生界　與佛界相對，十界中，除佛界以外的九界：地獄界、餓鬼界、畜生界、阿修羅界、人界、天界、聲聞界、緣覺界、菩薩界，總稱為眾生界。

【語譯】

諸佛甚深廣大義趣，
我已依眾生根機，
預以總略說明。
但願以我如法性清淨心，
迴向此如法性清淨功德，
普遍利益一切眾生界。

《大乘起信論》一卷，至此終。

附錄

一、《馬鳴菩薩傳》

後秦三藏鳩摩羅什譯

有大師名馬鳴菩薩，長老脇弟子也。時長老脇勤憂佛法入三昧，觀誰堪出家，廣宣道化，開悟眾生者。見中天竺有出家外道，世智聰辯，善通論議，唱言：「若諸比丘能與我論議者，可打犍椎。如其不能，不足公鳴犍椎，受人供養。」

時長老脇始從北天竺欲至中國，城名釋迦，路逢諸沙彌，皆共戲之。大德長老與我富羅提，即有持去者，種種嬲之，輒不以理。長老脇顏無異容，恬然不忤。諸沙彌中廣學問者，覺其遠大，疑非常人，試問其人，觀察所為，隨問盡答而行不輟足，意色深遠不存近細。時諸沙彌具觀長老德量沖邃，知不可測，倍加恭敬，咸共侍送。

於是長老脇即以神力乘虛而逝，到中天竺，在一寺住。問諸比丘：「何不依法鳴犍椎耶？」

諸比丘言：「長老摩訶羅，有以故不打也。」問言何故？答言：「有出家外道善能論議，唱令國中諸釋子沙門眾，若其不能與我論議者，不得公鳴揵椎，受人供養。以有此言，是故不打。」長老脇言：「但鳴揵椎，設彼來者，吾自對之。」諸舊比丘深奇其言，而疑不能辨。集共議言，且鳴揵椎，外道若來，當令長老任其所為。即鳴揵椎。外道即問：「今日何故打此木耶？」答言：「北方有長老沙門來鳴揵椎，非我等也。」外道言：「可令其來。」即出相見。外道問言：「欲論議耶？」答言：「然。」外道即形笑言：「此長老比丘形貌既爾，又言不出常人，如何乃欲與吾論議？」即共要言，卻後七日當集國王、大臣、沙門、外道、諸大法師於此論也。至六日夜，長老脇入于三昧，觀其所應。七日明旦，大眾雲集。長老脇先至，即昇高座，顏色怡懌，倍於常日。外道後來，當前而坐。占視沙門，容貌和悅，志意安泰。又復舉體，備有論相。便念言：「將無非是聖比丘耶？志安且悅，又備論相，今日將成佳論議也。」便共立要，若墮負者當以何罪？外道言：「若負者當斷其舌。」長老脇言：「此不可也。但作弟子，足以允約。」答言：「可爾。」又問：「誰應先語？」長老脇言：「吾既年邁，故從遠來，又先在此坐，理應先語。」外道言：「亦可爾耳。現汝所說吾盡當破。」長老脇即言：「當令天下泰平，大王長壽，國土豐樂，無諸災患。」外道默然，不知所言。論法無對，即墮負處，伏為弟子，剃除鬚髮，度為沙彌，受具足戒。獨坐一處，心自惟曰：「吾才明遠識聲震天下，如何一言致屈便為人弟子？」念已不悅，師知其心，即命入房，為現神足種種變化。知師非恆，心乃悅伏。念曰：「吾為弟子，固其宜矣！」師語：「言汝才明不易，真未成耳。設學吾所得法，根力覺道，辯才深達，明審義趣者，將天下無對也。」師還本國，弟子住中天竺，博通眾經，明達內外，才辯蓋世，四輩敬伏。天竺國王甚珍遇之。

其後，北天竺小月氏國王，伐於中國，圍守經時。中天竺王，遣信問言：「若有所求，當相給與，何足苦困人民久住此耶？」答言：「汝意伏者，送三億金當相赦耳。」王言：「舉此一國無一億金，如何三億而可得耶？」答言：「汝國內有二大寶：一佛鉢，二辯才比丘。以此與我，足當二億金也。」王言：「此二寶者，吾甚重之，不能捨也。」於是比丘為王說法。其辭曰：「夫含情受化者，天下莫二也。佛道淵弘，義存兼救，大人之德亦以濟物為上，世教多難，故王化一國而已。今弘宣佛道，自可為四海法王也。比丘度人，義不容異，功德在心，理無遠近，宜存遠大，何必在目前而已？」王素宗重，敬用其言，即以與之。月氏王便還本國，諸臣議曰：「王奉佛鉢，固其宜矣！夫比丘者，天下皆是，當一億金，無乃太過。」王審知比丘高明勝達，導利弘深，辯才說法，乃感非人類，將欲悟諸群惑，餓七匹馬至於六日旦，普集內外沙門異學，請比丘說法，諸有聽者，莫不開悟。王繫此馬於眾會前，以草與之。（馬嗜浮流，故以浮流草與之也。）馬垂淚聽法，無念食想。於是天下乃知非恆。以馬解其音故，遂號為馬鳴菩薩，於北天竺廣宣佛法，導利群生，善能方便，成人功德，四輩敬重，復咸稱為功德日。

（選自《大正藏》卷五〇）

二、《婆藪槃豆法師傳》(摘錄)

馬鳴菩薩，是舍衛國婆枳多土人，通《八分毘伽羅論》及《四皮陀六論》解十八部三藏，文宗學府，允儀所歸。迦旃延子遣人往舍衛國，請馬鳴為表文句。馬鳴既至罽賓，迦旃延子次第解釋《八結》，諸阿羅漢及諸菩薩，即共研辯，義意若定，馬鳴隨即著文。經十二年，造《毘婆沙》方竟，凡百萬偈。

(選自《大正藏》卷五〇)

三、《付法藏因緣傳》（摘錄）

有一大士名曰馬鳴，智慧淵鑒，超識絕倫，有所難問，靡不摧伏，譬如猛風吹拔朽木，起大憍慢草芥群生，計實有我，甚自貢高。聞有尊者名富那奢，智慧深邃，多聞博達，言諸法空無我無人。懷輕慢心往詣其所，而作是言：「一切世間所有言論，我能毀壞如雹摧草，此言若虛而不誠實，要當斬舌以謝其屈。」富那奢言：「佛法之中，凡有二諦，若就世諦假名為我，第一義諦皆悉空寂，如是推求，我何可得？」爾時馬鳴心未調伏，自恃機慧猶謂己勝。富那語曰：「汝諦思惟，無出虛語，我今與汝定為誰勝。」於是馬鳴即作是念：「世諦假名定為非實，第一義諦性復空寂，如斯二諦皆不可得，既無所有，云何可壞？我於今者，定不及彼。」便欲斬舌，以謝其屈。富那語言：「我法仁慈，不斷汝舌，宜當剃髮為吾弟子。」

爾時尊者度令出家，心猶愧恨，欲捨身命。時富那奢得羅漢道，入定觀察，知其心念。尊者有經先在闇室，尋令馬鳴往彼取之。白言大師：「此室闇冥，云何可往？」告曰：「但去，當令汝見。」爾時尊者即以神力，遙申右手，徹入屋內，五指放光，其明照曜，室中所有皆悉顯現。爾時馬鳴心疑是幻。凡幻之法知之則滅，而此光明轉更熾盛。盡其技術，欲滅此光，為之既疲，了無異相，知師所為，即便摧伏，勤修苦行，更不退轉。如是尊者以善方便度諸眾生，所應作已，入於涅槃，四眾感戀，起塔供養。

昔富那奢臨涅槃時，以法付囑弟子馬鳴，而告之曰：「譬如闇室，燃大明炬，所有諸物皆悉照了，法之明燈，亦復如是，流布世間，能滅癡闇。是故如來演斯正法，普令一切皆悉修行，諸賢聖人常加守護，共相委囑乃至於我，我以勝眼持用付汝，汝當於後至心受持，令未來世普得饒益。」馬鳴敬諾，當受尊教。於是頒宣深奧法藏，建大法幢，摧滅邪見。於華氏城遊行教化，欲度彼城諸眾生故，作妙伎樂名《賴吒啝羅》。其音清雅，哀婉調暢。宣說苦、空、無我之法，所謂有為如幻如化，三界獄縛，無一可樂，王位高顯，勢力自在，無常既至，誰得存者？如空中雲須臾散滅，是身虛偽，猶如芭蕉，為怨為賊不可親近，如毒蛇篋，誰當愛樂？是故諸佛常呵此身。如是廣說空、無我義，令作樂者演暢斯音，時諸伎人不能解了，曲調音節皆悉乖錯。

爾時馬鳴，著白氎衣入眾伎中，自擊鐘鼓，調和琴瑟，音節哀雅，曲調成就，演宣諸法苦、空、無我。時此城中五百王子，同時開悟，厭惡五欲，出家為道。時華氏王恐其民人聞此樂音捨離家法，國土空曠，王業廢壞，即便宣令其土人民，自今勿復更作此樂。彼華氏城凡九億人，月支國王威德熾盛，名曰栴檀罽昵吒王，志氣雄猛，勇健超世，所可討伐無不摧靡。即嚴四兵向此國土，共相攻戰，然後歸伏，即便從索九億金錢。時彼國王即以馬鳴及與佛鉢一慈心雞，各當三億，持用奉獻罽昵吒王。馬鳴菩薩智慧殊勝，佛鉢功德如來所持，雞有慈心，不飲蟲水，悉能消滅一切怨敵，以斯緣故，當九億錢。王大歡喜，為納受之。即迴兵眾，還歸本國。

（選自《大正藏》卷五〇）

四、《釋摩訶衍論疏》（摘錄）

次當說造人，契經異說其數幾有，今馬鳴師何所攝耶？頌曰：

總有六馬鳴，契經異說故。然隨機應故，無有相違失。

論曰：凡集一代諸契經中種種異文，總有六種：一、《大乘本法契經》說：無上大覺尊說入涅槃緣，馬鳴菩薩即從座起，頂禮佛足，合掌恭敬，向佛世尊說偈頌曰：

大慈滿足無上尊，無邊劫海備萬行。
唯慈悲群生類故，而佛自言入涅槃。
我及一切諸大眾，冥冥而亂失心神。
大慈滿足世尊尚，棄自子等往異界。
況我慈悲未滿足，隨佛往異界誰謗。

爾時馬鳴說此偈已，覩佛眼精（按：應為睛），徐自命終。二、《變化功德契經》說：爾時世尊告馬鳴言，我滅度後三百餘歲，汝當承我加力，以種種方便法，利益安樂末代眾生。若我不加力，汝當不能自。三、《摩訶摩耶經》說：如來滅後六百歲已，九十六種諸外道等邪見競興，毀滅佛法。有一比丘，名曰馬鳴，善說法要，降伏一切諸外道輩。四、《常德三昧契經》說：佛滅度後八百歲中，有一智人，名曰馬鳴，或外道眾，或佛家眾，破諸外道，建立佛法。五、《摩尼清淨經》曰：佛泥洹後一百餘歲，馬鳴大士出現於世，守護正法，安立佛幢。六、《勝頂王契經》說：如來成道第十七日，有一外道名曰迦羅諾鳩尸摩，變化其身，作大龍王，出現八萬六千頭，八萬六千舌，一時發起八萬六千相違難問，問於如來。如來即作百重答說，通彼切難。如是問答已，佛告龍王言：善哉！善哉！馬鳴沙門，為護法城故，以破壞相建立佛法，耐也。常如是修，常如是行，勿小遊行，普遍遊行。於是龍王以其本形捨畜生相，無上尊前頂禮和南，以歡喜貌向佛世尊而說偈言：

善哉善哉言，經聽於我聞，假耶？實耶？自
極疑於我心，我非畜生身，或非外道眾。
而贊化為生，變化如是形，世尊如鏡知，
我沒於是界，出於餘世界，如教普遊行。

爾時馬鳴說此偈已，如入禪定，入於寂室。是名為六，如是諸經各各別說，隨機現應，無相違過。

（選自《卍續藏經》卷七二）

五、《續高僧傳》卷六〈真諦傳〉

拘那羅陀，陳言親依，或云波羅末陀，譯云真諦，並梵文之名字也。本西天竺優禪尼國人焉。景行澄明，器宇清肅，風神爽拔，悠然自遠。群藏廣部，罔不厝懷，藝術異能，偏素諳練。雖遵融佛理，而以通道知名，遠涉艱關，無憚夷險，歷遊諸國，隨機利見。

梁武皇帝，德加四域，盛唱三寶。大同中，勅直後張氾等，送扶南獻使返國，仍請名德三藏大乘諸論《雜華經》等。真諦遠聞行化，儀軌聖賢，搜選名匠，惠益民品。彼國乃屈，真諦并齎經論，恭膺帝旨。既素蓄在心，渙然聞命。以大同十二年八月十五日，達于南海。沿路所經，乃停兩載。以太清二年閏八月，始屆京邑。武皇面申頂禮，於寶雲殿竭誠供養。諦欲傳翻經教，不羨秦時，更出新文，有逾齊日。屬道銷梁季，寇羯憑陵，法為時崩，不果宣述。乃步入東土，又往富春，令陸元哲創奉問津，將事傳譯，招延英秀沙門寶瓊等二十餘人，翻《十七地論》，適得五卷，而國難未靜，側附通傳。

至天保三年，為侯景請還，在臺供養。于斯時也，兵饑相接，法幾頹焉。會元帝啟祚，承聖清夷，乃止于金陵正觀寺，與願禪師等二十餘人，翻《金光明經》。三年二月，還返豫章。又往新吳始興，後隋（按：應為隨）蕭太保，度嶺至于南康，並隨方翻譯，栖遑靡託。逮陳武永定二年七月，還返豫章，又止臨川晉安諸郡。

真諦雖傳經論，道缺情離本意不申，更觀機壤，遂欲汎舶往楞伽修國。道俗虔請，結誓留之。

不免物議，遂停南越。便與前梁舊齒，重覆所翻。其有文旨乖競者，皆鎔冶成範，始末倫通。至文帝天嘉四年，揚都建元寺沙門僧宗、法准、僧忍律師等，並建業標領，欽聞新教，故使遠浮江表，親承勞問。諦欣其來意，乃為翻《攝大乘》等論，首尾兩載，覆疎宗旨。而飄寓投委，無心寧寄。又汎小舶至梁安郡，更裝大舶欲返西國。學徒追逐相續留連，太守王方奢，述眾元情，重申邀請。諦又且修人事，權止海隅，伺旅束裝，未思安堵。至三年九月，發自梁安，汎舶西引，業風賦命，飄還廣州。十二月中，上南海岸。刺史歐陽穆公頠，延住制旨寺，請翻新文。諦顧此業緣，西還無措。乃對沙門慧愷等，翻《廣義法門經》及《唯識論》等。後穆公薨沒，世子紇重為檀越，開傳經論，時又許焉。而神思幽通，量非情測，嘗居別所，四絕水洲。紇往造之，嶺峻濤涌，未敢淩犯。諦乃鋪舒坐具在於水上，加坐其內，如乘舟焉。浮波達岸，既登接對，而坐具不濕，依常敷置。有時或以荷葉搨水，乘之而度。如斯神異，其例甚眾。

至光太二年六月，諦厭世浮雜，情弊形骸，未若佩理資神，早生勝壤。遂入南海北山，將捐身命。時智愷正講《俱舍》，聞告馳往，道俗奔赴相繼山川。刺史又遣使人伺衛防遏，躬自稽顙，致留三日，方紆本情。因爾迎還，止于王園寺。時宗愷諸僧，欲延還建業。會楊輦碩望，恐奪時榮，乃奏曰：嶺表所譯眾部，多明無塵唯識，言乖治術，有蔽國風，不隸諸華，可流荒服。帝然之，故南海新文有藏陳世。以太建元年遘疾，少時遺訣，嚴正勗示因果，書傳累紙。其文付弟子智休，至正月十一日午時遷化。時年七十有一，明日於潮亭焚身起塔，十三日僧宗、法准等，各齎經論還返匡山。

自諦來東夏，雖廣出眾經，偏宗《攝論》。故討尋教旨者，通覽所譯，則彼此相發，綺繢輔顯。

故隨處翻傳親注疏解，依心勝相。後疏並是僧宗所陳，躬對本師重為釋旨，增減或異，大義無虧。宗公別著《行狀》，廣行於世。且諦之梁時逢喪亂，感竭運終，道津靜濟，流離弘化，隨方卷行，至於部帙或分，譯人時別。今總歷二代共通數之，故始梁武之末，至陳宣即位，凡二十三載，所出經、論、記、傳，六十四部，合二百七十八卷。微附華飾，盛顯隋唐，見《曹毘別歷》及《唐貞觀內典錄》。餘有未譯梵本書並多羅樹葉，凡有二百四十甲（按：應為夾），若依陳紙翻之，則列二萬餘卷。今見譯訖，止是數甲之文，並在廣州制旨、王園兩寺。是知法寶弘博，定在中天，識量玼瑣，誠歸東夏，何以明之？見譯藏經減三千卷，生便棄擲，習學全希。用此量情，情可知矣。

初諦傳度《攝論》，宗愷歸心，窮括教源，銓題義旨。遊心既久，懷敞相承。諦又面對闡揚，情理無伏。一日氣屬嚴冬，衣服罩疎，忍噤通霄，門人側席。愷等終夜靜立，奉侍諮詢，言久情誼，有時眠寐。愷密以衣被覆之，諦潛覺知，便曳之于地。其節儉知足如此。愷如先奉侍，逾久逾親。諦以他日便喟然憤氣衝口者三，愷問其故，答曰：君等款誠，正法實副參傳，但恨弘法非時，有阻來意耳。愷聞之如噎，良久聲淚俱發，跪而啟曰：大法絕塵，遠通赤縣，群生無感，可遂埋耶？諦以手指西北曰：此方有大國，非近非遠。吾等沒後，當盛弘之，但不覩其興，以為太息耳。即驗往隔，今統敷揚有宗。傳者以為神用不同，妄生異執，惟識不識，其識不無慨然。

（選自《大正藏》卷五〇）

六、《宋高僧傳》卷二〈實叉難陀傳〉

唐洛京大遍空寺實叉難陀傳

釋實叉難陀，一云施乞叉難陀，華言學喜。葱嶺北于闐人也，智度恢曠，風格不群，善大小乘，旁通異學。天后明揚佛日，崇重大乘，以《華嚴》舊經處會未備，遠聞于闐有斯梵本，發使求訪，并請譯人。叉與經夾同臻帝闕，以證聖元年乙未於東都大內大遍空寺翻譯。天后親臨法座，煥發序文，自運仙毫，首題名品。南印度沙門菩提流志、沙門義淨，同宣梵本。後付沙門復禮、法藏等，於佛授記寺譯成八十卷，聖曆二年功畢。至久視庚子駕幸潁川三陽宮詔叉譯《大乘入楞伽經》，天后復製序焉。又於京師清禪寺及東都佛授記寺譯《文殊授記》等經，前後總出一十九部，沙門波崙玄軌等筆受，沙門復禮等綴文，沙門法寶、恆景等證義，太子中舍賈膺福監護。長安四年，叉以母氏衰老，思歸慰覲，表書再上方俞，敕御史霍嗣光送至于闐。暨和帝龍興，有敕再徵。景龍二年達于京輦，帝屈萬乘之尊，親迎於開遠門外。傾都緇侶，備幡幢導引，仍飾青象令乘之入城，敕於大薦福寺安置。未遑翻譯，遘疾彌留，以景雲元年十月十二日右脅累足而終，春秋五十九歲。有詔聽依外國法葬，十一月十二日於開遠門外古然燈臺焚之。薪盡火滅，其舌猶存。十二月二十三日，門人悲智敕使哥舒道元送其餘骸及斯靈舌還歸于闐，起塔供養。後人復於荼毘之所起七層塔，土俗號為華嚴三藏塔焉。

（選自《大正藏》卷五〇）

七、〈大乘起信論序〉

揚州僧智愷作

夫起信論者，乃是至極大乘，甚深祕典，開示如理緣起之義。其旨淵弘，寂而無相。其用廣大，寬廓無邊。與凡聖為依，眾法之本。以其文深旨遠，信者至微。故於如來滅後六百餘年，諸道亂興，魔邪競扇。於佛正法毀謗不停，時有一高德沙門，名曰馬鳴，深契大乘，窮盡法性，大悲內融，隨機應現，愍物長迷，故作斯論。盛隆三寶，重興佛日，起信未久，迴邪入正。使大乘正典，復顯於時。緣起深理，更彰於後代。迷群異見者，捨執而歸依。闇類偏情之黨，棄著而臻湊。自昔已來，久蘊西域，無傳東夏者，良以宣譯有時。故前梁武皇帝，遣聘中天竺摩伽陀國取經并諸法師。遇值三藏拘蘭難陀，譯名真諦。其人少小博採，備覽諸經。然於大乘偏洞深遠，時彼國王應即移遣，法師苦辭不免，便就汎舟，與瞿曇及多侍從，并送蘇合佛像來朝。而至未旬，便值侯景侵擾。法師秀採擁流，含珠未吐，慧日暫停，而欲還反。遂囑值京邑英賢慧顯、智韶、智愷、曇振慧旻，與假黃鉞大將軍太保蕭公勃，以大梁承聖三年歲次癸酉九月十日，於衡州始興郡建興寺，敬請法師敷演大乘，闡揚祕典，示導迷徒。遂翻譯斯論一卷，以明論旨。《玄文》二十卷，《大品玄文》四卷，《十二因緣經》兩卷，《九識義章》兩卷。傳語人天竺國月支首那等，執筆人智愷等，首尾二年方訖。馬鳴沖旨，更曜於時。邪見之流伏從正化，余雖慨不見聖，慶遇玄旨，美其幽宗，戀愛無已。不揆無聞，聊由題記。儻遇智者，賜垂改作。

（選自《大正藏》卷三二）

八、〈新譯大乘起信論序〉

作者不詳

夫聲同則應，道合自隣。是以法雄命宗，賴宣揚乎法子，素王垂範，假傳述乎素臣。蓋德必不孤，聖無虛應矣。《起信論》者，大乘之祕典也。佛滅度後五百餘年，有馬鳴菩薩出興于世，時稱四日，道王五天，轉不退輪，建無生忍。銘總持之智印，宅畢竟之真空。受波奢付囑，蒙釋尊遠記。善說法要，大啟迷津。欲使群生殖不壞之信根，下難思之佛種，故造斯論。其為論也，示無價寶，詮最上乘。演恆沙之法門，惟在方寸，開諸佛之祕藏，本自一心。遣執而不喪其真，存修而亦忘其相。少文而攝多義，假名而會深旨。落落焉皎智月於淨天，滔滔焉注禪河於性海。返迷歸極莫不由之。此論東傳總經二譯，初本即西印度三藏法師波羅末陀，此云真諦。以梁武帝承聖三年歲次癸酉九月十日，於衡州始興郡建興寺，共揚州沙門智愷所譯。此本即于闐國三藏法師實叉難陀齎梵文至此，又於西京慈恩塔內，獲舊梵本，與義學沙門荊州弘景崇福法藏等，以大周聖曆三年歲次癸亥十月壬午朔八日己丑，於授記寺與《花嚴經》相次而譯，沙門復禮筆受，開為兩卷。然與舊翻時有出沒，蓋譯者之意，又梵文非一也。夫理幽則信難，道尊則魔盛。況當劫濁，尤更倍增。故使偏見之流，執《成唯識》，誹毀此論。真妄互熏，既形於言，遂彰時聽。方等甘露，翻為毒藥。故經云：唯佛與佛乃能究盡諸法實相，豈可輒以凡心貶量聖旨？夫真如者，物之性也。備難思之業用，蘊不空之勝德。內熏妄法，令起厭求。故《勝鬘經》云：由有如來藏，令厭生死苦，樂求涅槃。又經云：闡提之人，未來以佛性力故，善根還生。如彼淨珠，能清濁水。是勝義之常善，異太虛之無記。故經云：佛性常故，非三世攝。虛空無故，非三世攝。豈執事空以齊真理？夫論妄者，依理故迷。真性隨流，為妄漂動。故經云：隨其流處有種種味。又《楞伽經》云：如來藏為無始虛偽惡習所熏，名為識藏。《密嚴經》云：佛說如來藏，以為阿賴耶。惡慧不能知，藏即賴耶識。雖在纏而體淨，不變性而成迷。故經云：然藥真味，停留在山，猶如滿月。又云：雖處五道受別異身，而此佛性常恆不變。若言真不熏妄，妄不熏真，真妄兩殊，豈會中道？故梁《攝論》云：智慧極盲暗，謂真俗別執。今則真為妄體，妄假真成。性相俱融，一異雙遣。故《密嚴經》云：如來清淨藏，世間阿賴耶。如金與指環，展轉無差別。聖教明白，何所致疑？良由滯相而乖真，尋末而棄本。言越規矩，動成戲論。自貽聖責，深可悲哉。余少小以來，專心斯論，翫味不已，諷誦忘疲，課拙傳揚二十餘遍。雖未究深旨，而麁識文意。以為大乘明鏡，莫過於此。幸希宗心之士，時覽斯文。庶日進有功，聊為序引云爾。

（選自《大正藏》卷三二）

新譯人物志　吳家駒注譯
新譯張載文選　張金泉注譯
新譯近思錄　張京華注譯
新譯傳習錄　李生龍注譯
新譯呻吟語摘　鄧子勉注譯
新譯明夷待訪錄　李廣柏注譯

【文學類】

新譯詩經讀本　滕志賢注譯
新譯楚辭讀本　林家驪注譯
新譯楚辭讀本　傅錫壬注譯
新譯文心雕龍　羅立乾注譯
新譯六朝文絜　蔣遠橋注譯
新譯世說新語　劉正浩等注譯
新譯昭明文選　周啟成等注譯
新譯古文觀止　謝冰瑩等注譯
新譯古文辭類纂　黃　鈞等注譯
新譯樂府詩選　溫洪隆注譯
新譯古詩源　馮保善注譯
新譯千家詩　邱燮友等注譯
新譯詩品讀本　成　林等注譯
新譯花間集　朱恒夫注譯
新譯南唐詞　劉慶雲注譯

新譯絕妙好詞　聶安福注譯
新譯唐詩三百首　邱燮友注譯
新譯宋詩三百首　陶文鵬注譯
新譯宋詞三百首　汪　中注譯
新譯宋詞三百首　劉慶雲注譯
新譯元曲三百首　賴橋本等注譯
新譯明詩三百首　趙伯陶注譯
新譯清詩三百首　王英志注譯
新譯清詞三百首　陳水雲等注譯
新譯唐人絕句選　卞孝萱等注譯
新譯唐才子傳　戴揚本注譯
新譯拾遺記　石　磊注譯
新譯搜神記　黃　鈞注譯
新譯唐傳奇選　束　忱等注譯
新譯宋傳奇小說選　束　忱注譯
新譯明傳奇小說選　陳美林等注譯
新譯容齋隨筆選　朱永嘉等注譯
新譯明散文選　周明初注譯
新譯明清小品文選　鄭　婷注譯
新譯人間詞話　馬自毅注譯
新譯白香詞譜　劉慶雲注譯
新譯幽夢影　馮保善注譯
新譯菜根譚　吳家駒注譯

新譯小窗幽記　馬美信注譯
新譯圍爐夜話　馬美信注譯
新譯郁離子　吳家駒注譯
新譯歷代寓言選　黃瑞雲注譯
新譯賈長沙集　林家驪注譯
新譯揚子雲集　葉幼明注譯
新譯曹子建集　曹海東注譯
新譯建安七子詩文集　韓格平注譯
新譯阮籍詩文集　林家驪注譯
新譯嵇中散集　崔富章注譯
新譯陸機詩文集　王德華注譯
新譯陶淵明集　溫洪隆注譯
新譯江淹集　羅立乾等注譯
新譯庾信詩文選　歸　青注譯
新譯初唐四傑詩集　李福標注譯
新譯駱賓王文集　黃清泉注譯
新譯王維詩文集　陳鐵民注譯
新譯孟浩然詩集　楊　軍注譯
新譯李白詩全集　郁賢皓注譯
新譯李白文集　郁賢皓注譯
新譯杜甫詩選　張忠綱等注譯
新譯杜詩菁華　林繼中注譯
新譯高適岑參詩選　孫欽善等注譯

新譯昌黎先生文集　周啟成等注譯
新譯劉禹錫詩文選　閻　琦注譯
新譯柳宗元文選　卞孝萱等注譯
新譯白居易詩文選　陶　敏等注譯
新譯元稹詩文選　郭自虎注譯
新譯李賀詩集　彭國忠注譯
新譯杜牧詩文集　張松輝注譯
新譯李商隱詩選　朱恒夫等注譯
新譯范文正公選集　王興華等注譯
新譯蘇洵文選　羅立剛注譯
新譯蘇軾文選　滕志賢注譯
新譯蘇軾詞選　鄧子勉注譯
新譯蘇轍文選　朱　剛注譯
新譯曾鞏文選　高克勤注譯
新譯王安石文選　沈松勤注譯
新譯唐宋八大家文選　鄧子勉注譯
新譯柳永詞集　侯孝瓊注譯
新譯李清照集　姜漢椿等注譯
新譯陸游詩文集　韓立平注譯
新譯辛棄疾詞選　聶安福注譯
新譯歸有光文選　鄔國平注譯
新譯唐順之詩文選　馬美信注譯
新譯徐渭詩文選　周　群等注譯

新譯薑齋文集　平慧善注譯
新譯顧亭林文集　劉九洲注譯
新譯納蘭性德詞　馮　乾注譯
新譯方苞文選　鄔國平等注譯
新譯鄭板橋集　朱崇才注譯
新譯袁枚詩文選　王英志注譯
新譯李慈銘詩文選　潘靜如注譯
新譯聊齋誌異選　任篤行等注譯
新譯閱微草堂筆記　嚴文儒注譯
新譯浮生六記　馬美信注譯
新譯弘一大師詩詞全編　徐正綸編著

歷史類

新譯史記　韓兆琦注譯
新譯漢書　吳榮曾等注譯
新譯後漢書　魏連科等注譯
新譯三國志　吳樹平等注譯
新譯資治通鑑　張大可等注譯
新譯史記—名篇精選　韓兆琦注譯
新譯尚書讀本　吳　璵注譯
新譯尚書讀本　郭建勳注譯
新譯周禮讀本　賀友齡注譯
新譯逸周書　牛鴻恩注譯

新譯左傳讀本　郁賢皓等注譯
新譯公羊傳　雪　克注譯
新譯穀梁傳　顧寶田注譯
新譯春秋穀梁傳　周　何注譯
新譯戰國策　溫洪隆注譯
新譯國語讀本　易中天注譯
新譯說苑讀本　左松超注譯
新譯說苑讀本　羅少卿注譯
新譯新序讀本　葉幼明注譯
新譯吳越春秋　黃仁生注譯
新譯西京雜記　曹海東注譯
新譯列女傳　黃清泉注譯
新譯越絕書　劉建國注譯
新譯燕丹子　曹海東注譯
新譯東萊博議　李振興等注譯
新譯唐六典　朱永嘉等注譯
新譯唐摭言　姜漢椿注譯

宗教類

新譯金剛經　徐興無注譯
新譯高僧傳　朱恒夫等注譯
新譯碧巖集　吳　平注譯
新譯百喻經　顧寶田注譯

新譯楞嚴經　賴永海等注譯
新譯梵網經　王建光注譯
新譯圓覺經　商海鋒注譯
新譯法句經　劉學軍注譯
新譯六祖壇經　李中華注譯
新譯禪林寶訓　李中華注譯
新譯維摩詰經　陳引馳等注譯
新譯經律異相　顏洽茂注譯
新譯阿彌陀經　蘇樹華注譯
新譯無量壽經　邱高興注譯
新譯無量壽經　蘇樹華注譯
新譯妙法蓮華經　張松輝注譯
新譯景德傳燈錄　顧宏義注譯
新譯大乘起信論　韓廷傑注譯
新譯釋禪波羅蜜　蘇樹華注譯
新譯八識規矩頌　倪梁康注譯
新譯永嘉大師證道歌　蔣九愚注譯
新譯華嚴經入法界品　楊維中注譯
新譯地藏菩薩本願經　李承貴注譯
新譯悟真篇　劉國樑等注譯
新譯无能子　張松輝注譯
新譯坐忘論　張松輝注譯
新譯列仙傳　張金嶺注譯

新譯抱朴子　李中華注譯
新譯神仙傳　周啟成注譯
新譯性命圭旨　傅鳳英注譯
新譯老子想爾注　顧寶田等注譯
新譯周易參同契　劉國樑注譯
新譯道門觀心經　王卡注譯
新譯養性延命錄　曾召南注譯
新譯樂育堂語錄　戈國龍注譯
新譯冲虛至德真經　張松輝注譯
新譯長春真人西遊記　顧寶田等注譯
新譯黃庭經・陰符經　劉連朋等注譯

軍事類

新譯司馬法　王雲路注譯
新譯尉繚子　張金泉注譯
新譯三略讀本　傅傑注譯
新譯六韜讀本　鄔錫非注譯
新譯吳子讀本　王雲路注譯
新譯孫子讀本　吳仁傑注譯
新譯李衛公問對　鄔錫非注譯

教育類

新譯爾雅讀本　陳建初等注譯
新譯顏氏家訓　李振興等注譯
新譯聰訓齋語　馮保善注譯
新譯曾文正公家書　湯孝純注譯
新譯三字經　黃沛榮注譯
新譯百家姓　馬自毅等注譯
新譯幼學瓊林　馬自毅注譯
新譯增廣賢文・千字文　馬自毅注譯
新譯格言聯璧　馬自毅注譯

政事類

新譯商君書　貝遠辰注譯
新譯鹽鐵論　盧烈紅注譯
新譯貞觀政要　許道勳注譯

地志類

新譯山海經　楊錫彭注譯
新譯水經注　陳橋驛等注譯
新譯佛國記　楊維中注譯
新譯大唐西域記　陳飛等注譯
新譯洛陽伽藍記　劉九洲注譯
新譯徐霞客遊記　黃珅注譯
新譯東京夢華錄　嚴文儒注譯

◎新譯妙法蓮華經

張松輝／注譯　丁敏／校閱

《妙法蓮華經》是佛教的主要經典之一，旨在提倡三乘歸一，以大乘調和，融會小乘。它善用譬喻，形象生動，不僅是一部思想深邃的佛學著作，而且還具有濃厚的文學色彩，對許多宗派和東亞佛教都有鉅大影響。本書根據鳩摩羅什所譯版本加以注譯和導讀，經文並有注音，是閱讀和理解《法華經》的最佳選擇。